S

04·사회형

10대를 위한

홀랜드 유형별

유망 직업 사전

오지연, 강서희, 오규찬, 이영석, 한승배, 현선주 지음

(주) 삼양미디어

머리말

INTRODUCTION

"선생님! 저는 제가 뭘 좋아하는지 모르겠어요."

이 말은 학과나 진로 탐색 과정에서 학생들이 자주 하는 질문입니다. 이 질문의 해결 방법을 찾기 위해 많은 학교나 단체에서 진로심리검사를 합니다. 진로심리검사에는 흥미나 적성, 가치관 등을 알아보는 여러 검사가 있지만 대부분의 중 · 고등학교에서는 학생의 흥미를 알아보는 홀랜드 검사를 많이 실시하고 있습니다.

홀랜드 검사는 사람의 성격과 흥미 특성을 6가지 유형으로 구분하고, 이와 관련된 직업을 선택할 수 있게 한 검사입니다. 물론 홀랜드 검사를 했다고 해서 자신의 흥미를 다 알게 되거나 나아갈 분야를 곧바로 결정할 수 있는 것은 아닙니다. 때론 뜻밖의 검사 결과가 나와 '내가 이런 흥미가 있었나?' 생각하게 될 때도 있습니다. 검사 결과를 무조건 믿고 따르는 것도 좋은 방법은 아닙니다. 그렇다면 진로심리검사가 의미가 없는 걸까요? 그렇지는 않습니다. 검사를 하는 과정에서 자신에 대해 좀 더 생각해 보게 되고, 검사 후에는 나온 결과를 바탕으로 진로를 탐색하는 과정을 거치도록 동기를 부여하기 때문입니다.

진로심리검사는 참고 자료로 보는 것이 좋습니다. 중요한 것은 검사 결과를 보는 것이 진로 탐색 과정의 '끝'이 아니라 '시작'이라는 것입니다. 하지만 많은 학생들은 자신의 흥미 유형과 추천 직업을 확인하고는 그냥 지나쳐 버립니다. 정작 흥미와 관련한 직업을 알아보는 진로 탐색 활동을 하지 않고 있습니다. 수업이나 진로 상담을 통해 관련 직업을 살펴보기도 하지만 시간이 부족하여 깊이 있게 다루지 못하는 한계가 있습니다.

대안으로 학생들에게 책을 추천하려고 해도 홀랜드 유형으로 직업을 구분하여 설명한 책은 찾기가 어렵습니다. 홀랜드 유형으로 직업을 구분해야 해당 유형의 직업을 다양하게 살펴볼 수 있고 2, 3순위로 나온 유형과 관련한 직업도 함께 탐색할 수 있습니다. 이러한 문제를 조금이나마 해결하기 위해 진로 선생님들이 모여 '홀랜드 유형별 유망 직업 사전'을 쓰게 되었습니다.

이 책에는 홀랜드 검사의 6가지 유형별로 유망 대표 직업 20개를 뽑아 총 **120개**의 직업을 안내하고 있습니다. 해당 직업이 어떤 직업인지, 하는 일은 무엇인지, 필요한 능력은 무엇인지, 미래의 직업 전망은 어떠한지, 어떤 자격증이 있어야 하는지 등을 상세히 풀어놓았습니다. 또 그 직업인이 되는 경로인 **'커리어 패스'**도 있어서 **진학 설계**에 도움을 받을 수 있고, 직업과 연관성이 큰 대학의 대표 학과에 대한 소개도 상세히 넣었습니다. 무엇보다 "이 분야로 가려면 중·고등학교 시절부터 뭘 준비해야 하나요?"라는 물음에 답할 수 있도록 '학교생활 포트폴리오'에 동아리·봉사·독서 활동, 교과 공부, 교외 활동 시 준비할 것을 정리하였습니다. **'학교생활 포트폴리오'**를 통해 **'학교생활기록부'**를 잘 관리한다면 **'학생부 종합전형'**을 대비하는 데 많은 도움이 될 것입니다.

'진로'나 '꿈'이 곧 '직업'은 아닌데 꿈을 이루기 위한 수단인 '직업'에 주목하다 보면 직업이 인생의 '목표'나 '꿈'이 되어 버리거나 생각의 폭이 좁아질 수 있다는 우려도 있습니다. 맞는 말입니다. 그럼에도 '직업'에 관심을 가지는 것은, 학생들은 '꿈'을 쉽게 체감할 수 없고 먼 미래의 일이라 생각하여 자신의 꿈을 위해 체계적으로 준비하지 못하는 경우가 많기 때문입니다.

자신의 진로를 결정하는 데 도움이 되는 방법은 여러 가지가 있지만 무엇보다 자신이 직접 겪은 경험만큼 확실한 것은 없습니다. 의미 있는 시행착오를 겪을수록 자신의 진로를 분명하게 알 수 있습니다. 학생들에게 꿈을 직업으로 정했을 때의 문제와 한계를 알게 하고, 그럼에도 직업으로 접근하는 이유를 제대로 알린다면 크게 걱정할 필요는 없다고 생각합니다.

끝으로, 이 책이 자신의 진로를 찾아 행복한 삶을 살아가는 데 조금이나마 도움이 된다면, 나아가 진로 탐색의 길잡이 역할을 할 수 있다면 더할 나위 없겠습니다.

지금 이 순간에도 자신의 진로에 대한 건강한 고민을 하고 있을 수많은 학생 여러분! 여러분의 꿈을 응원합니다.

– 저자 일동

구성과 특징

COMPOSITION

1

1 관련 학과
소개된 직업과 관련성이 높은 대학의 학과 정보가 궁금하다면 해당 페이지에서 확인할 수 있습니다.

2 직업의 세계
해당 직업과 관련된 시사성이 큰 상식이나 지식, 이슈, 뉴스 등을 소개하여 그 직업의 세계를 개략적으로 이해할 수 있게 하였습니다.

3 직업을 대표하는 사진이나 삽화로 시작하여 흥미를 유발하였습니다.

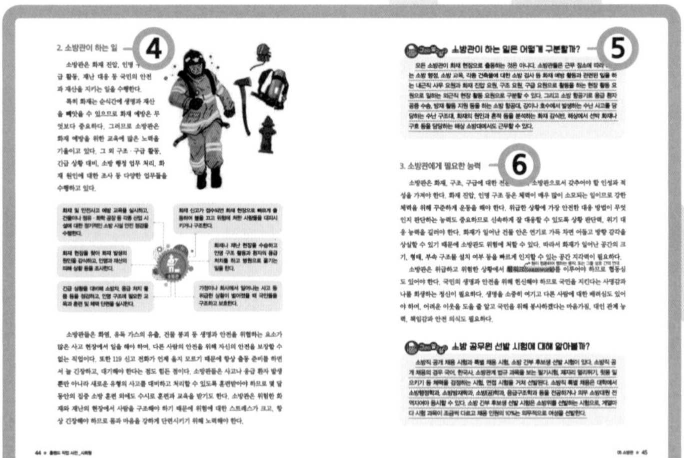

2

4 하는 일
직업이 하는 일을 쉽게 이해할 수 있도록 설명하였습니다.

5 그것이 알고 싶다
직업과 관련된 이야기나 또 다른 직업, 관련 용어, 흥미로운 이야깃거리를 소개하였습니다.

6 필요한 능력
해당 직업인에게 필요한 능력을 소개하여 장차 그 직업인이 되기 위해 갖추어야 할 것이 무엇인지 알 수 있게 설명하였습니다.

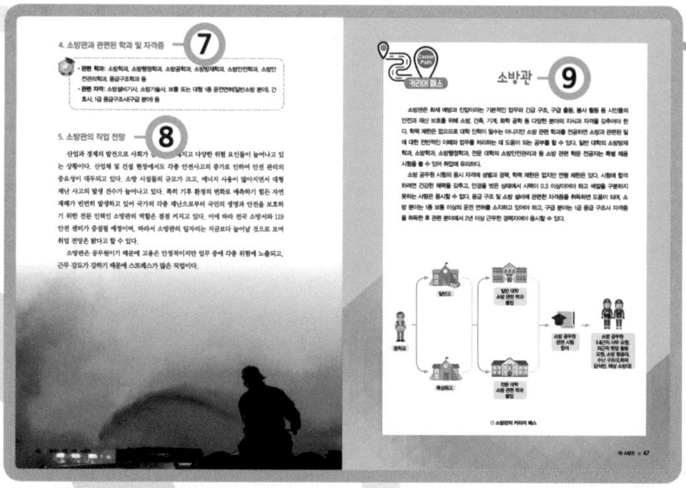

3

7 관련 학과 및 자격증
해당 직업과 관련된 대학의 학과와 필요한 자격증을 제시하였습니다.

8 직업 전망
해당 직업의 현재 상황과 미래의 전망을 사회의 변화나 경제 상황, 기술의 발전 등을 고려하여 예측해 보았습니다.

9 커리어 패스
해당 직업인이 되기 위한 다양한 중 · 고등학교와 대학교 진학 및 이후 진로 경로를 상세히 소개하고, 한눈에 이해할 수 있게 그림으로 표현하였습니다.

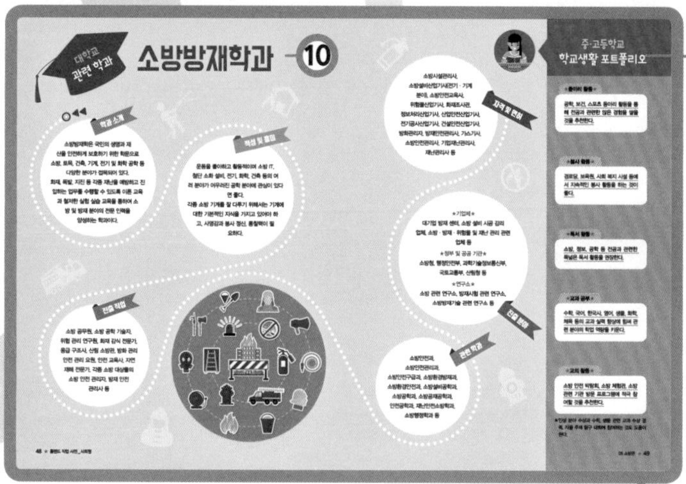

4

10 대학교 관련 학과
해당 직업과 관련성이 높은 대학교의 학과를 소개하였습니다. 학과에 적합한 적성과 흥미, 관련 자격증이나 면허, 관련 학과, 진출 가능한 직업, 진출 가능한 직장의 분야 등을 상세히 소개함으로써 직업과 학과를 폭넓게 이해할 수 있게 구성하였습니다.

11 학교생활 포트폴리오
해당 분야의 직업인이 되기 위해 중 · 고등학교 시절부터 준비하면 큰 도움이 될 학교생활 포트폴리오를 제시하여 상급 학교 진학에 도움이 될 수 있게 하였습니다.

R-I-A-S-E-C

01 홀랜드 검사란?

세상에는 수많은 직업이 있고, 사람들은 다양한 직업에 종사하며 살아갑니다. 그런데 직업을 가진 사람들 중에서 자신이 정말 원하는 직업을 갖고 있는 경우는 의외로 드물다고 합니다. 자신의 적성과 능력에 잘 맞는 직업을 선택하여 살아간다면 즐겁게 일할 수 있고, 능력을 발휘할 기회도 많아져서 삶 자체가 더욱 행복해질 수 있겠지요. 그렇지만 자신의 적성과 흥미에 맞는 직업이 무엇인지를 아는 일은 쉽지 않습니다. 이럴 때 도움을 받을 수 있는 것이 적성 검사나 흥미 검사입니다. 이러한 검사를 통해 자신이 좋아하고 관심 있는 분야에 대해 알 수 있고, 자신의 성격과 장점을 보다 잘 파악할 수 있습니다.

오늘날 진로와 적성을 탐색하는 검사 방법이 많이 개발되어 있는데, 그중에 이 책에서 소개하고자 하는 것은 홀랜드 검사 방법입니다.

홀랜드 검사는 미국의 저명한 심리학자 존 홀랜드가 사람의 직업적 성격 이론에 근거하여 만든 진로 및 적성 탐색 검사입니다. 홀랜드 검사에서는 이 세상에 존재하는 모든 직업을 특성이나 종사하는 사람들의 성격에 따라 6개의 유형으로 구분하고 있으며, 6가지 진로 유형을 'RIASEC 유형'이라고 합니다. RIASEC은 R형(Realistic, 실재형), I형(Investigative, 탐구형), A형(Artistic, 예술형), S형(Social, 사회형), E형(Enterprising, 기업형), C형(Conventional, 관습형)의 앞 글자를 딴 용어입니다.

• 존 홀랜드(John L. Holland, 1919~2008) 미국 존스홉킨스 대학 심리학과 명예교수로서 진로 발달 및 선택 이론인 홀랜드 직업 적성 검사를 개발했습니다. 그가 개발한 '직업적 성격 이론'은 개인의 성격과 직업적 환경과의 상호 연관성에 바탕을 두고 확립되었으며, 이 이론은 현재 전 세계의 진로 발달 및 상담 학계에서 가장 많이 이용되고 있습니다.

그의 저서 〈직업의 선택(Making Vocational Choices)〉은 진로 상담 부문에서 최고의 책으로 인정받고 있으며, 고트프레드슨과 함께 출간한 〈직업코드사전(DHOC)〉을 통하여 직업사전에 있는 거의 모든 직업을 홀랜드 코드화하였습니다. 이러한 공로를 인정받아 1995년에는 미국심리학회에서 수여하는 '저명한 학자로서의 학술상'을 받았습니다.

그의 검사 중 특히 홀랜드 SDS(Self Directed Search, 자기탐색검사)가 가장 널리 인정받고 있으며, 그 밖에 NEO 청소년성격검사, NEO 성인성격검사 등도 많이 이용되고 있습니다.

R-I-A-S-E-C

02 홀랜드 검사의 직업 유형 6가지

홀랜드 검사에서는 6가지 유형을 기본으로 하여 검사 결과에서 가장 많이 나타나는 두 가지 유형을 자신의 성격 유형 및 진로 코드로 정합니다(예 SC형). 왜냐하면 한 사람의 성격과 흥미를 한 가지 유형으로 단정할 수 없기 때문입니다. 경우에 따라 세 가지 유형을 묶어서 표현할 수도 있습니다(예 SCA형). 검사 결과에서 가장 많은 유형을 제1유형, 그 다음으로 제2유형, 제3유형이 결정됩니다.

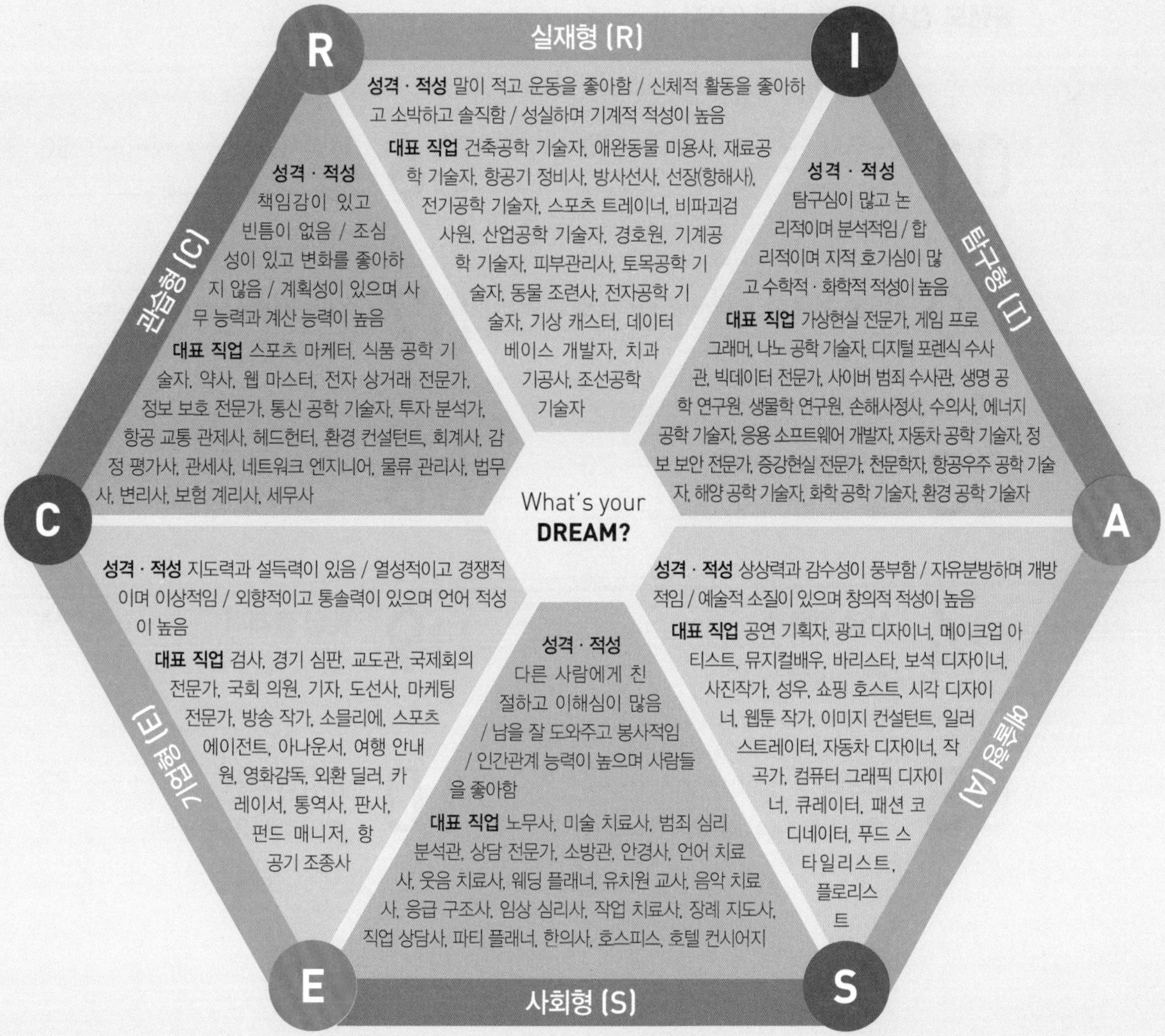

△ 홀랜드의 RIASEC 모형

목차

CONTENTS

01 노무사

관련 학과
법학과
16쪽

1. 노무사의 세계

일하는 대가를 주고 사람을 부리는 사람

만일 나에게 이런 일이 일어난다면 나는 누구에게 도움을 받아야 할까? 고용주가 당

노동의 대가

연히 지급해야 할 임금을 근로자에게 주지 않고 미루는 것을 임금 체불이라고 한다. 우리 주변에서 임금 체불에 대한 뉴스가 심심치 않게 보도되는 것을 보면 임금 체불은 누

근로자의 노동 인권과 최저 생활을 보장하기 위한 근로자 보호의 기본법

구에게나 생길 수 있는 일이다. 우리나라의 근로기준법에서는 직원이 회사를 그만둘 경우, 퇴사 후 14일 이내에 임금을 지급하도록 규정하고 있다. 대개의 경우 알바비는 큰 금액보다는 소액이 많기 때문에 알바비를 받지 못했을 경우에는 고용노동부(사업장 관할 노동청)에 민원 접수를 통해 해결할 수 있다.

근로자가 일을 하다 보면 고용주가 근로자에게 임금을 지급하지 않거나, 특별한 이유 없이 해고나 산업 재해를 당하는 등의 억울한 경우가 생길 수 있다. 노동 현장에서는 여러 가지 이유로 직업병 문제가 발생하기도 하는데, 한 사례로 반도체 작업장에서 일하던 근로자가 백혈병으로 사망하면서 원인 규명을 놓고 10년 넘게 분쟁이 지속되다가 양측이 시민 단체가 제안한 중재안을 수용하면서 오랜 갈등의 마침표를 찍은 일도 있었다. 이처럼 임금 체불, 부당 해고, 작업 환경이나 작업 행동으로 근로자에게 생긴 신체상의 재해, 노동조합 활동 등의 여러 분쟁에서 당사자가 해결하지 못할 경우 그 분쟁을 대리하거나, 기업에게 각종 인사 노무 관리 상담이나 자문을 제공하여 문제를 해결하는 데 도움을 주는 사람이 노무사다.

노무사가 담당하는 노동 관련 업무는 매우 복잡하고 전문적이기 때문에 노동 관련 법규 지식만으로는 해결할 수 없고, 노동 환경과 경영 환경 실무에 관한 경험과 객관적 판단력 및 공정한 업무 능력이 요구된다. 또한 노무사는 투철한 사명감을 가지고 문제 해결을 위해 노력해야 하며, 다양한 문제가 발생하는 노동 현장과 노동 관련 법규 외 민법, 소송법 등 법률에 대한 이해뿐만 아니라 다양한 노동 분야의 지식과 경험을 쌓을 수 있도록 끊임없이 공부하는 자세와 노력이 필요하다.

2. 노무사가 하는 일

노무사는 국가가 공인하는 유일한 노동 법률 전문 자격인으로 노동 관계 법률과 명령, 노동과 관련된 사무 분야에 대한 전문적인 지식과 경험을 바탕으로 근로자와 기업 양측의 대립을 조정하고 대리 업무를 수행한다. 또한 바람직한 노사 관계를 형성하고 근로자의 복지를 향상시키는 역할을 수행해야 한다.

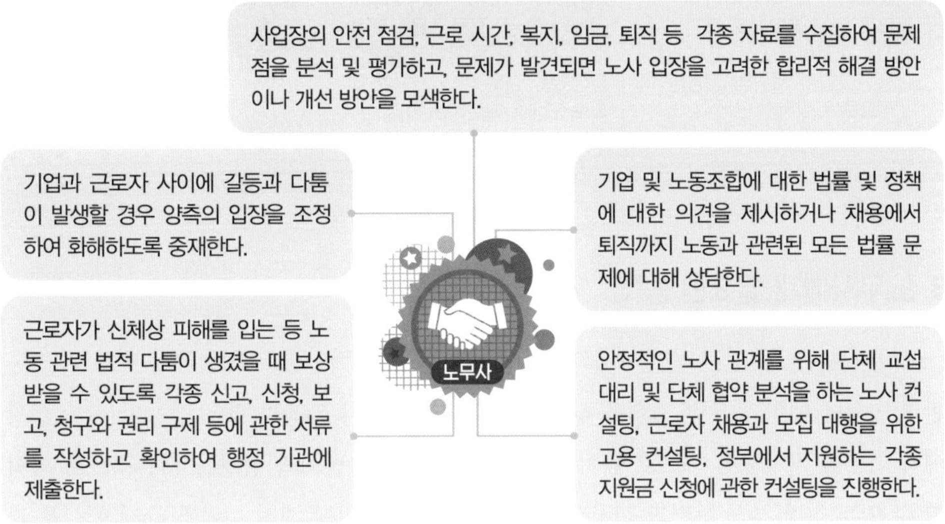

노무사는 노사 간의 대립과 갈등을 해결해 주면서 보람과 긍지를 느낄 수 있고, 업무

시간이 비교적 자유로운 편이다. 그러나 복잡하고 예민한 협상 문제를 조정하고 해결해야 하므로 몸과 마음이 힘들 수도 있다. 또한 법률적 지식만으로는 노사 관계에서 발생하는 문제를 해결할 수 없기 때문에 노동 현장에서의 실제적인 경험이 요구된다. 그리고 각종 사건 등을 경험하면서 실무를 배워야 하며, 관련 법령이나 실무 지침 등이 계속 바뀌기 때문에 지속적으로 공부해야 한다.

그것이 알고 싶다 **노사 관계와 관련된 용어에 대해 알아볼까?**

노동조합	단체 교섭	단체 협약
근로자가 주체가 되어 자주적으로 단결하여 근로 조건의 유지 · 개선하고 근로자의 경제적 · 사회적 지위의 향상을 목적으로 조직하는 단체	노동조합이 사용자 또는 사용자 단체와 임금, 근로 시간, 복지, 해고, 대우 등에 관하여 분쟁이 발생했을 경우 양 당사자가 대화로 분쟁을 해결하는 방법	노동조합과 사용자 또는 사용자 단체 사이에 체결하는 자치적인 법규

3. 노무사에게 필요한 능력

노무사는 노동 관련 법률에 근거해서 노사 문제를 판단하고 해결해야 하므로 노동 관련 법률에 대한 풍부한 지식을 갖고 있어야 한다. 노사 분쟁과 같은 갈등이 심한 상황에서 업무를 처리해야 하므로 위기를 극복할 수 있는 순발력과 상황을 객관적으로 파악할 수 있는 현장 분석 능력과 협상력이 필요하다. 또한 법률 해석 능력과 문제 핵심을 파악하고 해결 방안을 제시할 수 있는 판단력, 의사소통 능력 등도 요구된다. 그리고 노무사는 활동적이고 적극적이며 책임감이 강하며 도전 지향적인 성격을 가진 사람에게 적합하고, 조직과 사람을 이해하려는 공감 능력도 필요하다. 그리고 근로자와 기업 사이에서 어느 한 쪽에 치우치지 않게 공정하면서 냉철한 주관을 가지고 있어야 한다.

4. 노무사와 관련된 학과 및 자격증

- **관련 학과:** 법학과, 경영학과, 경제학과, 심리학과, 사회학과, 행정학과 등
- **관련 자격:** 공인노무사 등

그것이 알고 싶다 공인노무사 자격 시험에 대해 알아볼까?

1차 객관식 시험, 2차 논문형 시험, 3차 면접 시험으로 실시되고, 노동 행정 업무에 10년 내지 15년 이상 종사했을 경우 등에 한해 시험 과목의 일부를 면제받을 수 있다.

- **제1차 시험:** 필수 과목은 노동법1, 노동법2, 민법, 사회 보험법이며, 경제학 원론과 경영학 원론 중 1과목을 선택하여 총 5과목을 평가한다. 영어는 영어 능력 검정 시험(TOEPL, TOEIC, TEPS 등)의 성적으로 대체한다.
- **제2차 시험:** 필수 과목은 노동법, 인사 노무 관리론, 행정 쟁송법이며, 경영 조직론과 노동 경제학, 민사 소송법 중 1과목을 선택해서 총 4과목을 평가한다.
- **제3차 시험:** 면접을 통해 국가관 · 사명감 등 정신 자세, 전문 지식과 응용 능력, 예의 · 품행 및 성실성, 의사 발표의 정확성과 논리성 등을 평가한다.

5. 노무사의 직업 전망

고용을 보장받는 정규직과 달리 보장을 받지 못하는 계약직, 임시직, 파견직 등 비정규직에 대한 차별과 노동 관련 문제가 복잡하게 나타나는 상황에서 근로자의 근무 환경 개선과 근로자의 권리에 대해 사회적으로 관심이 높아지고 있다. 또한 기업의 인사 노무 업무, 정부 지원금 제도, 민간 고용 창출 지원 정책 등의 업무가 복잡해지면서 노무사의 고용 증가가 높아질 것으로 보인다.

최근에는 온라인상에서 정보 공유가 활발해지고 고학력자 취업자들이 늘어남으로써 근로 조건 개선, 권익 보호에 적극적으로 나서면서 근로자들은 부당한 대우를 받게 되면 신속한 시정 및 법적 구제 등을 요구하고 있다. 이러한 변화는 전문화된 노무 서비스에 대한 수요 증가에 긍정적인 영향을 미칠 것으로 보인다.

노무사의 역할 범위는 간단한 노무 관련 대리 업무부터 인사 노무 관리 컨설팅까지 확대되고 있다. 또한 인사 노무 자문업계에도 외국계 기업의 진출이 늘어나고 있기 때문에 외국어 실력과 국제적 감각을 지닌 노무사에 대한 수요가 늘어날 전망이어서 노무사에 대한 관심과 기대가 높아지고 있다. 반면 변호사 자격 취득자가 증가하면서 노무 관련 시장으로 진출하려는 노동 전문 변호사가 늘고 있어 경쟁이 점차 치열해질 전망이다. 특히 인사 노무 분야 중 임금이나 4대 보험 관련 업무는 회계사나 세무사 등도 그 업무를 수행할 수 있기 때문에 이들과의 경쟁도 대비해야 한다.

Career Path
커리어 패스

노무사

노무사가 되기 위한 전공의 제한은 없으나, 법학과, 경영학과, 경제학과, 행정학과, 사회학과 등 사회 계열의 학과를 전공하면 유리하다. 노무사의 주된 업무는 기업과 근로자 간에 발생하는 노동관계에 대한 전반적인 사항을 파악하고 합리적인 개선 방안을 제시하는 것이다. 특히 노동관계에서 발생하는 일들은 관련 법규가 복잡하므로 노동법은 물론, 민법, 형법 등 법률에 대한 전반적인 이해뿐만 아니라 인사, 노무 관리, 직무 분석, 근로 조건 등 다양한 분야의 관련 지식이 요구된다. 또한 노무사는 노사 분쟁이 발생했을 때 이를 조정하기 위해 노동 법률 상담과 자문을 제공해야 하므로 전문 지식과 현장 경험이 필수다.

노무사로 활동하기 위해서는 고용노동부에서 실시하는 공인 노무사 자격시험에 합격해야 한다. 자격증을 취득한 이후에 노무사로 일하려면 지방노동사무소, 노무법인, 노동부 유관 기관, 개인사무소 등에서 6개월의 실무 수습을 마친 후 공인노무사회에 직무 개시 등록 신청을 해야 한다.

노무사들이 주로 일하는 곳은 노무 법인이나 개인사무소이며, 근로복지공단, 한국산업인력공단, 인사 및 노무 관련 컨설팅 업체 등에서도 활동할 수 있다. 특히 노사 관리 문제가 기업 운영의 중요한 문제로 등장하면서 전문적인 지식을 갖춘 노무사의 중요성이 커지고 있으며, 이에 따라 기업에서는 자체적으로 인사 및 노사 관련 업무를 담당할 인력으로 노무사를 직접 채용하고 있다.

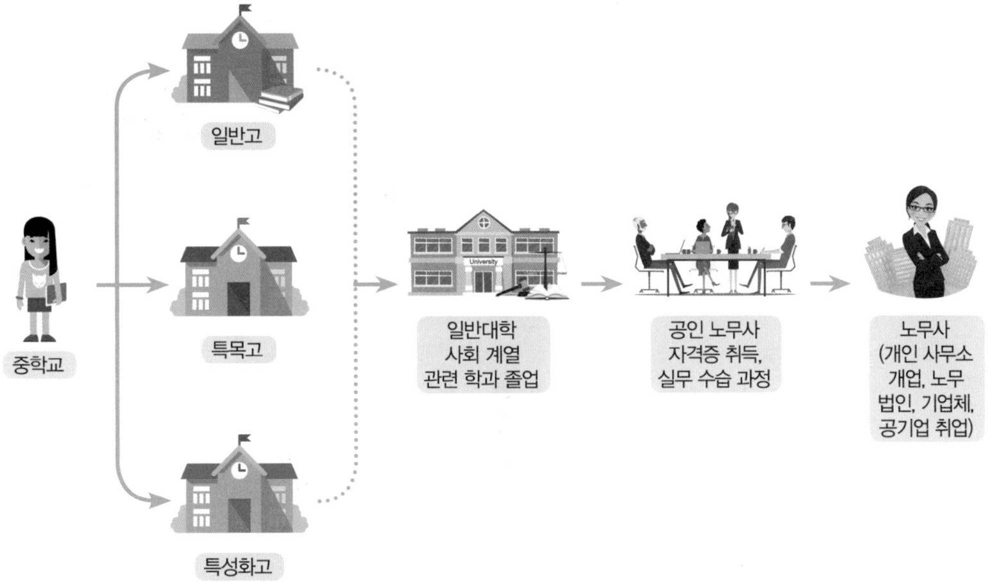

노무사의 커리어 패스

대학교 관련 학과

법학과

학과 소개

법은 사회의 질서를 유지시키는 가장 중요하고 강력한 규범이다. 법학은 이러한 법의 제정과 해석 방법, 사안에 적용하는 과정을 배우는 학문이며, 자신의 권리와 다른 사람의 권리를 보호하는 방법에 대해 공부한다.

법학과는 사회 정의와 민주주의를 실현하기 위해 법률에 대한 전문적 지식과 자질을 갖춘 법률 전문가를 양성하는 학과이다.

적성 및 흥미

평소에 다양한 사회 문제에 대한 관심이 많고, 사회 현상에 대한 깊은 이해가 있는 사람에게 유리하다.

이성적이며 논리적인 분석적 사고력, 정의롭고 공정한 판단력, 자신의 주장을 정확하고 소신 있게 표현하는 언어 능력이 필요하다.

진출 직업

법학 교수, 판사, 검사, 변호사, 변리사, 세무사, 법무사, 법원직 공무원, 검찰직 공무원, 공인 노무사, 공인 중개사 등

자격 및 면허

변호사, 변리사, 공인노무사,
전자상거래관리사, 공인중개사,
법무사, 세무사, 관세사, 감정평가사,
손해평가사, 일반행정사,
공동주택관리사 등

관련 학과

글로벌법학과, 법률학과,
저작권보호학과, 특허법률학과,
법률실무과, 지식재산학과,
법학부(법학 전공 · 부동산법무
전공 · 공공안전법 전공 · 공법학
전공 · 사법학 전공) 등

진출 분야

★기업체★
기업체 법무팀, 언론사, 변호사 사무실,
세무사 사무실, 법무사 사무실, 공인 노무사
사무실, 언론 기관, 금융 기관 등

★정부 및 공공 기관★
법무 행정직, 검찰 사무직, 마약 수사직, 보호
관찰직, 교정직, 소년 보호직, 출입국 관리
사무소, 법률 구조 사업 기관 등

중·고등학교 학교생활 포트폴리오

★동아리 활동★

법률, 독서, 시사 토론, 모의 법정 활동 등의 동아리 활동을 통해 전공과 관련된 많은 경험을 쌓는 것이 중요하다.

★봉사 활동★

인권 보호, 공공질서 캠페인 활동 등 일회성 봉사 활동보다 지속적인 봉사 활동을 권장한다.

★독서 활동★

법학, 사회학, 윤리학, 경영학, 경제학 등과 관련된 책을 읽고 기록할 것을 권장한다.

★교과 공부★

국어, 영어, 수학, 사회, 한문, 과학 등과 관련된 교과 실력 향상에 힘쓰고, 주도적인 자세로 관련 분야 학업 역량을 키우도록 노력한다.

★교외 활동★

대학의 전공 체험 참여, 법원, 검찰, 헌법 재판소, 국회 등 진로 체험 활동에 적극 참여하는 활동을 권장한다.

※인성 분야 수상과 어학, 사회 관련 교과 수상 경력, 각종 토론 대회에 참여하는 것도 도움이 된다.

02 미술 치료사

관련 학과
미술학과
24쪽

1. 미술 치료사의 세계

최근 다양한 세대에서 주의력 결핍, 정서불안, 학습 장애, 입시 스트레스, 외상 후 스트레스 장애, 미래에 대한 걱정 등으로 우울감을 호소하거나, 신체적 · 언어적 학대나 폭력 등 충격적인 사건을 경험하여 심리적 고통을 받고 있는 사람들이 우울감을 넘어 우울증을 실제로 겪는 경우를 심심찮게 볼 수 있다.

과거 충격적인 사건의 경험이 현재까지 정신적 고통과 상처로 남아 스트레스가 지속되는 것

영화나 TV 프로그램 등에서 마음의 상처를 입은 주인공이 어린 시절 겪은 트라우마로 말로 하기 어려운 감정을 그림을 통해 표현하여 위로를 받는 장면을 본 적이 있을 것이다. 이렇게 마음의 상처가 있는 사람에게 미술을 이용한 심리 치료는 소통의 한 방법이며 언어를 보완할 수 있는 힘을 가지고 있다.

요즘은 마음이 아픈 사람을 위해 다양한 방법의 심리 치료에 관심을 기울이고 있는

데, 그림을 그리는 활동을 통해 마음을 들여다보고 치료를 돕는 미술 치료도 그중 하나다. 미술 치료는 미술과 심리학의 분야를 결합시켜 미술 활동을 통해 내담자(방문하여 상담을 받는 사람)의 감정이나 경험을 드러내면서 정서를 표현하고, 심리 치료를 하는 기법으로 그림 요법이라고도 불린다. 거부감 없이 즐거운 놀이처럼 그림을 그리고, 미술 작품을 만드는 과정에서 내적 갈등을 드러내고 스트레스를 해소하여 자존감 향상, 성격 발달, 정서 발달 등이 이루어지도록 돕는다.

미술 심리 기법과 그림, 조소 등의 미술 활동을 통해 마음이 아픈 사람들의 심리를 진단하고, 정서적 갈등이나 심리적인 증상을 완화시키는 치료를 실시하여 더 나은 삶을 살아갈 수 있도록 도움을 주는 전문가가 바로 미술 치료사다. 즉, 미술 치료사는 미술 활동을 이용한 공감적 이해를 통해 심리적 문제의 원인을 함께 찾아가면서 내담자가 마음의 문을 열어 회복할 수 있게 돕는 사람이다.

미술 치료사는 미학 및 미술사, 색과 형태에 대한 상징적 의미, 미술 매체의 이해와 활용 능력 등 전문적인 지식과 해석 능력을 갖추어야 한다. 미술 심리 치료에 대한 열정적인 관심을 가지고 폭넓은 공부와 연구를 진지하게 하고 싶다면 도전할 만한 직업이다.

2. 미술 치료사가 하는 일

미술 치료사는 미술에 대한 흥미와 능력, 정서 및 대인 관계에서의 문제점 등을 종합하여 내담자에 대한 치료 계획을 수립한다. 언어로 표현하기 힘든 내담자의 심리적 문제를 미술 치료 활동으로 표현할 수 있도록 돕고, 분석과 진단을 통해 치료하여 개인의 갈등을 조정하고 자아성장을 촉진하는 일을 수행한다.

다양한 미술 활동과 대화를 통해서 현재 내담자의 인지적 발달, 정서상의 문제점 등을 파악한다.

미술 치료에 대한 진행 결과에 대해 상담일지를 기록하고, 치료 결과를 평가한다.

성취 가능한 치료 목표를 설정하고 목표를 구체화하는 치료 계획을 세우고 실행한다.

개인의 사생활 보호에 대한 윤리적 규정을 지키고, 비밀 보장의 원칙을 지킨다.

내담자와의 미술 치료 과정에 대한 치료 경험을 분석하고 연구한다.

미술 치료사는 주로 프리랜서(일정한 소속이 없이 자유 계약으로 일하는 사람)로 활동하며 치료 프로그램 또는 상담 횟수에 따라 상담료를 받으며 일할 수 있기 때문에 일하는 시간을 자유롭게 선택하고 싶은 사람들에게 좋은 직업이다. 미술 치료는 일반적인 상담과 달리 미술 활동을 통해 놀이처럼 접근할 수 있어 내담자와의 소통을 쉽게 할 수 있다. 치유 과정은 미술 치료사에게도 위안이 되며 많은 것들을 배우고 함께 성장해 나갈 수 있다. 내담자가 상담을 진행하면서 변화를 보여 주고 내면의 문제를 해결하고 성장하는 모습을 볼 때 만족감과 보람을 느낀다.

그러나 미술 활동을 싫어하는 내담자에게는 부담을 줄 수 있고, 거부하는 내담자가 흥미를 갖고 미술 활동을 할 수 있도록 도와야 하는 어려움이 있다. 내담자마다 성향이나 치료에 필요한 기간이 각기 다르기 때문에 내담자의 감정을 진심으로 공감하고 포기하지 않도록 도와줘야 한다. 미술 치료는 수치로 결과를 확인할 수 있는 지능 검사와 달리 구체화된 수준으로 평가하고 진단하는 데 어려움이 있다.

그것이 알고 싶다 미술 치료에 활용되는 그림에 대해 알아볼까?

- **집 그림:** 내담자가 성장해 온 가정의 상황을 나타내며 자신의 가정생활과 가족 관계를 어떻게 인지하고, 어떤 감정과 태도를 가지고 있는가를 나타낸다.
- **나무 그림:** 나무 그림은 내담자의 기본적인 자기상을 나타내며, 내담자가 자신의 마음 상태에 대해 어떻게 느끼고 있는가를 무의식적으로 나타낸다.
- **인물화:** 내담자는 신체 각 부분의 표현과 자세, 복장 등으로 자아상을 나타내므로 여러 검사 중 무의식적 심리 현상을 파악할 수 있다.

3. 미술 치료사에게 필요한 능력

미술 치료사는 미술과 심리 치료에 대한 전문적인 지식이 필요하며, 미술 활동을 통한 상담에 흥미가 있고 소통과 공감 능력이 있어야 한다. 그러기 위해서 우선 내담자가 자신의 마음을 열 수 있는 신뢰성의 기초를 마련해 주어야 하며, 인내심, 이해심, 온화함, 배려심 등이 있어야 한다. 내담자를 대할 때는 편견을 버리고 개방적인 태도로 타인의 가치를 받아들일 수 있어야 한다. 그리고 내담자가 말로 표현하지 못하는 부분들을 파악할 수 있는 세심함과 치료 상황을 빠르게 파악하고 적절한 대처를 할 수 있도록 직관력과 융통성이 풍부해야 한다.

미술 치료사는 미술 매체와 재료의 특성을 잘 활용하여 내담자가 흥미를 가지고 미술 활동을 체험하게 하고 의미 있는 변화를 할 수 있도록 미술 활동을 기획할 수 있어야 하므로 미술 활동 및 작품 속에서 내담자의 심리를 파악할 수 있는 분석력과 통찰력이 요구된다. 또한 완성된 미술 활동 작품을 통해 내담자가 창작 과정에서 느낀 것을 포함하여 결과물에 담긴 다양한 의미들을 이해하여 해석해 주면서 상담을 진행하는 기술도 익혀야 한다.

4. 미술 치료사와 관련된 학과 및 자격증

- **관련 학과:** 미술학과, 미술교육과, 미술치료학과, 심리학과, 교육학과, 재활학과, 아동학과 등
- **관련 자격:** 임상미술심리상담사, 미술심리전문상담사 등

그것이 알고 싶다 미술 치료사 자격증에 대해 알아볼까?

임상미술심리상담사 1급(미술 치료사) 자격은 대학에서 미술 치료, 심리 치료 등의 관련 분야를 졸업하여 학사 학위를 소지하거나, 학사 학위가 없으면 미술 치료, 심리 치료 등의 관련 분야의 자격증을 소지하고 임상 미술 분야에 1년 이상의 미술 치료 경험을 가진 자가 미술 치료 연수와 자격시험을 합격하고, 인정하는 기관에서의 수련 등을 모두 거친 후 심사를 거쳐 한국미술치료학회가 발급하는 자격증을 부여받은 사람에게 주어진다.

5. 미술 치료사의 직업 전망

현대 사회를 살아가는 우리들은 물질적으로 풍요로운 삶을 살고 있지만 많은 사람들

이 심리적인 어려움을 겪고 있다. 이러한 경우 미술 치료를 통한 심리 치료는 중요한 역할을 할 것으로 기대된다. 미술 심리 치료 과정은 자신의 감정을 말로 표현하기 어려운 내용들을 시각적 매체를 통해서 전달할 수 있고, 음악이나 무용과는 다르게 어렵지 않고 친근하게 느끼는 면이 있다.

외국에서 미술 치료의 역사는 50여 년이 넘는다. 우리나라의 경우는 정신과에서 환자들을 대상으로 미술 활동을 시도하였으나, 본격적으로 알려지고 치료 현장에서 이용된 것은 1990년대 이후다. 현재 미술 치료는 아동의 경우 놀이 치료, 음악 치료와 더불어 가장 흔하게 사용되고 있는 심리 치료로 인식되고 있다. 미술 치료는 아동뿐만 아니라 청소년, 성인, 노인에서도 유용하게 사용될 수 있는 심리 치료다. 이처럼 미술 치료는 아동, 청소년들의 부적응 문제나 성인, 노인들의 심리적 문제로까지 확대되면서 점점 대중화되고 있다.

미술 치료사는 미술을 매체로 사람들에게 쉽게 접근 가능하고 내담자들의 심리를 이해하고 의학적인 도움을 받을 수 있도록 의사, 상담사 등과 함께 일을 하는 경우도 있어 직업적 전망은 밝은 편이라고 할 수 있다.

Career Path
커리어 패스

미술 치료사

미술 치료사는 다양한 미술 활동을 통해 내담자의 감정을 치유하도록 돕고, 심리 상태를 진단하여 심리적 문제에 알맞은 미술 치료 프로그램을 개발, 적용, 평가하는 일을 해야 한다. 따라서 기본적으로 미술과 심리 치료, 정신 병리, 임상 심리 등에 대한 이해와 경험이 필요하다. 개인에 대한 미술 치료 교육을 기본으로, 집단 미술 치료도 운용할 수 있는 지식과 기술을 위해 집단 미술 치료, 가족 미술 치료, 미술 치료 사례 및 해석, 심리 치료 및 상담 기법 , 정신 의학에 관한 지식, 인간의 이해를 위한 인간학, 철학, 심리학, 교육학 등 다양한 분야의 지식과 자격을 갖추어야 한다.

미술 치료사가 되기 위해서는 대학에서 미술치료학과, 미술학과, 심리학과, 교육학과, 재활학과 등을 전공하고 대학원에서 미술 치료를 전공하는 것이 일반적 흐름이며, 실제로 대학원 이상의 학력을 요구한다. 대학원에서 심리 치료, 집단 미술 치료, 가족 미술 치료 등의 교육과정을 운영하여 미술 치료사들을 양성하고 있다. 관련 자격으로는 미술심리상담사, 미술심리지도사 등이 있다.

주로 활동하는 곳은 아동 심리 치료 센터, 사회 복지 시설, 사회교육원, 지역 아동 센터, 정신 보건 센터, 문화 센터, 소년원, 심리 상담소, 학교, 정신병원, 재활병원 등이 있다.

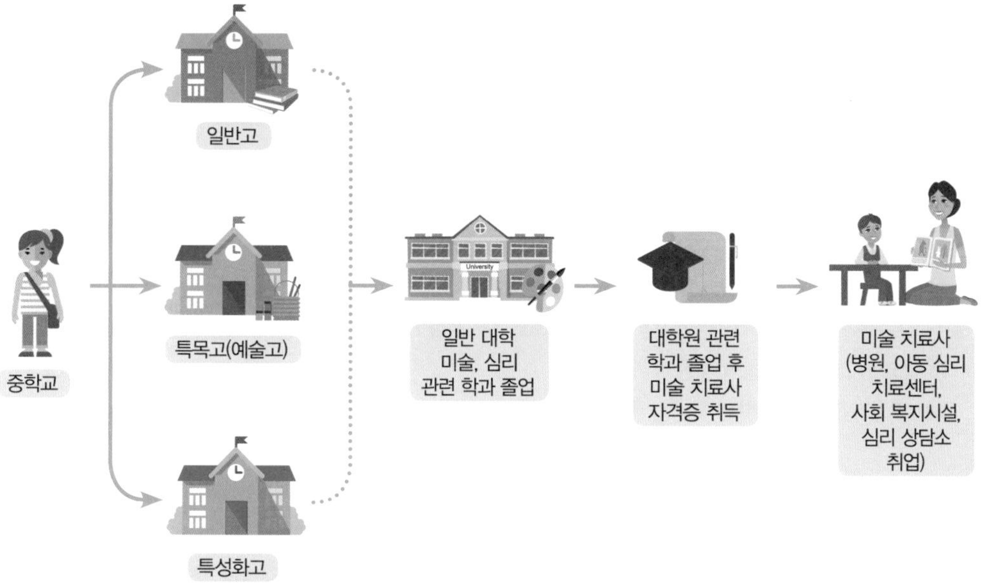

△ 미술 치료사의 커리어 패스

대학교 관련 학과

미술학과

학과 소개

미술학과는 서양화, 한국화, 조각 등 미술 분야의 여러 학문을 배우고, 인간의 삶을 더욱 풍요롭게 만들수 있도록 창조적인 조형 능력을 함양한 전문 예술인을 양성하는 학과이다.
또한 실무에 응용할 수 있는 컴퓨터 그래픽, 디자인 마케팅, 일러스트레이션도 배움으로써 여러 분야의 진로를 탐색할 수 있다.

진출 직업

화가, 학예사, 교수, 중 · 고등학교 미술 교사, 미술학원 강사, 시각 디자이너, 웹 및 멀티미디어 디자이너, 제품 디자이너, 그래픽 디자이너, 의상 디자이너, 인테리어 디자이너, 미술관 큐레이터(학예연구사), 문화 언론 기자, 미술 비평가, 만화가, 광고 및 홍보 전문가, 일러스트레이터, 공예원, 무대 미술가, 색채 코디네이터, 미술 심리 상담사, 미술 치료사 등

적성 및 흥미

독창적인 생각, 창의적인 표현 그리고 기본 실기 능력과 풍부한 상상력이 있는 사람에게 적합하다.
모든 결과물과 현상들에 대해 남다른 관심을 갖고 있고, 순수한 창작 활동과 과감한 조형 실험을 지향하는 자세가 필요하다.

관련 학과

산업미술학과, 섬유미술과, 실용미술디자인과, 아동미술학과, 큐레이터학과, 불교미술학과, 기독교미술과, 무대미술과, 미술경영학과, 미술이론과, 미술창작학과, 미술콘텐츠학과, 한국화과, 실용미술디자인과, 미술디자인과, 서양화과, 응용미술교육과, 동양화과, 회화과 등

자격 및 면허

박물관 및
미술관 준학예사,
미술치료사, 중등 정교사 2급,
문화예술교육사, 컬러리스트기사,
컬러리스트산업기사, 미술비평가,
클레이 애니메이터 등

진출 분야

★기업체★

광고 회사, 컴퓨터 영상 제작 업체, 무대 세트 제작 업체, 문구 · 완구 업체, 공간 디자인 업체, 가구 · 조명 관련 라이프스타일 디자인 업체, 광고 기획사, 게임 및 캐릭터 개발업체, 멀티미디어 업체, 이벤트 업체 등

★정부 및 공공 기관★

문화 예술 관련 정부 부처, 정부 산하 기관 등

★기타★

미술학원, 미술관, 박물관, 중 · 고등학교, 언론, 출판, 홍보, 영상 분야 미술 관련 업무 등

중·고등학교

학교생활 포트폴리오

★동아리 활동★

상담, 미술, 심리와 관련한 동아리 활동을 통해 전공과 관련한 많은 경험을 쌓는 것이 중요하다.

★봉사 활동★

일회성 봉사 활동보다는 사회 복지 시설, 장애인 복지 시설, 아동 보육 시설 등에서 지속적인 봉사 활동을 권장한다.

★독서 활동★

예술, 인문, 상담, 심리학 등 전공과 관련하여 다양한 분야의 책을 읽어 두는 것이 좋다.

★교과 공부★

미술, 영어, 국어, 사회 등 관련 교과를 충실히 공부하고, 적극적으로 수업에 참여함으로써 관련 분야의 학업 역량을 발휘하는 것이 좋다.

★교외 활동★

미술 관련 기관, 미술 관련 전시회 방문 및 대학의 전공 체험 프로그램 등에 적극적으로 참여한다.

※미술 관련 교과 수상 경력을 쌓고 미술 · 예술 관련 경진 대회에 참여하는 것도 도움이 된다.

SOCIAL • 사회형 S

03 범죄 심리 분석관

관련 학과
범죄심리학과
32쪽

1. 범죄 심리 분석관의 세계

범죄 심리 분석관은 흔히 프로파일러라고도 불리며, 반사회적 인격 장애를 가진 범죄자들이 저지른 연쇄 살인 사건이나 강력 범죄 등을 수사하고 추적한다.

수수께끼 같아서 잘 풀 수 없는 어려운 문제

소설이나, 영화, 드라마 속의 프로파일러는 미제 사건을 해결하는 멋진 주인공으로 등장하곤 하지만, 현실 속의 프로파일러는 사이코패스뿐만 아니라 성범죄자, 절도범 등 강력범들을 직접 마주 대해야 한다.

남의 감정, 의견, 주장 따위에 대하여 자기도 그렇다고 느낌

사이코패스는 일반적인 사람들과 다르게 공감 능력이 없다고 한다. 정도의 차이가 있을 수는 있지만 일반인은 상대가 고통을 느끼고 있는지, 어떨 때 고통을 느끼는지 어느 정도는 느낄 수 있다고 한다. 그러나 사이코패스 성향이 있는 사람들은 기본적으로

범죄 사실을 밝히기 위하여 혐의자나 죄인을 조사함

타인의 감정을 이해하지 못해서, 이들에게 범죄 사실을 취조할 때 잘못을 인정하게 하는

것도 굉장히 어려운 과정이라고 한다. 따라서 범죄 심리 분석관은 사이코패스 범죄나 연쇄 살인 사건의 범죄자를 취조할 때 상대방의 내면의 깊은 속을 들여다 봐야 한다. 또한 인내와 직관으로 범인으로부터 범죄에 대한 자백을 이끌어내야 하며, 범인에게 숨겨진 이중인격을 찾아내면서 대화를 이끌어야 한다.

범죄 심리 분석관은 일반적인 수사 방법으로는 해결하기 힘든 연쇄성 범죄, 강력 범죄, 엽기적 범행, 범죄의 동기를 전혀 알 수 없는 경우 등에 투입된다. 토막 살인과 같은 엽기적은 살인 사건의 경우 인체의 절단면을 보고 어떤 도구로 잘렸는지, 잘린 부위는 어디인지 몇 토막을 냈는지 등을 분석하기 위해 범죄 현장을 수사하고 범죄자의 심리와 행동 관계 등을 연구한다. 최근에는 사건 자체만 보면 이해가 안 되는 사건들이 자주 발생하는데, 다수의 이상 범죄들을 분석하여 이상 범죄 사건들을 해석하는 도구와 방법을 제공하기도 한다.

범죄 심리 분석관은 심리학 · 사회학적인 지식을 활용하여 범죄의 특성과 범인의 심리 상태를 정확히 분석, 판단할 수 있는 능력이 필요하다. 강력하고 지능적인 범죄 발생이 늘어남에 따라 범죄 심리 분석과 단서를 정밀하게 조합하여 범인을 찾아야 하는 경우가 많아졌다.

그것이 알고 싶다 프로파일링(profiling)이란?

프로파일링은 범죄의 증거나 단서가 부족한 강력 사건이 발생했을 때 피해자의 사체 상황, 현장에 남겨진 증거물과 증거물의 위치, 상태, 사건의 모든 수사의 정황을 종합하여 피해자와 범죄 현장의 특성을 분석하고, 범죄 동기를 추정하는 과학 수사의 한 기법으로 범죄 사건의 현장을 재구성하여 사건의 실체를 규명하고 수사 방향을 제시한다.

범죄 심리 분석관은 프로파일링을 통해 범죄자의 심리와 행동 등을 분석하고 범인의 인상 추정, 범인의 심리 상태, 추정, 범죄 유형 분류, 피의자 심문 전략 수립을 지원하여 우선 수사 대상 용의자를 추려 낸다.

2. 범죄 심리 분석관이 하는 일

범죄 심리 분석관은 프로파일링 수사 기법을 활용하여 범인의 성격과 특성 등을 추리하고 다양한 방법으로 수사 전반에 걸쳐 수사 방향을 제시한다. 범죄자의 심리와 행동을 분석해 현장을 지원하고, 범인을 검거한 후에는 범죄 심리를 분석하고 범죄 사실을 자백받을 수 있도록 돕는 일을 수행한다.

신속한 범인 검거가 이루어질 수 있도록 용의자의 거주 지역의 범위를 설정하고, 이동 경로를 추정하여 그 안에서 동일 수법 전과자를 뽑아 수사를 지원한다.

사건 현장의 재구성과 범죄 행동 분석을 통해 수사 방향을 제시하고, 과학적인 방법을 동원해 결론을 도출한 후 범죄 분석 보고서를 작성한다.

검거된 범죄자에게 심리학적으로 접근해서 심리 검사를 실시하고, 범행 동기를 밝혀내기 위한 심리 면담을 진행한다.

범죄자가 저지른 죄를 스스로 자백하도록 범죄자의 심문과 면담을 어떻게 할 것인지 전략을 세우고 실행한다.

범죄자들의 데이터베이스를 구축하여 강력 사건 범죄자의 프로필을 관리하고 다른 사건을 해결할 때 그 자료들을 활용하여 신속하게 대응한다.

범죄 심리 분석관은 범죄 사건을 분석하고 수사 방향과 전략을 제시하고, 객관적인 증거와 단서, 그리고 논리적인 분석을 통해 수사에 기여함으로써 범인을 신속히 검거했을 때 보람을 느낀다. 또한 공포와 분노에 떠는 피해자들에게 범죄의 진실을 밝혀 억울함을 해소시켜 줄 때도 보람을 느낀다. 그러나 끔찍한 살인 범죄 현장을 목격하거나 충격적인 사건을 경험한 피해자와 범죄자와의 면담을 하면서 느끼는 육체적 · 정신적 피곤함은 매우 크다. 연쇄 살인 사건과 같은 강력 사건은 대개 늦은 밤에 일어나므로 24시간 긴장을 늦출 수 없다는 점과 업무와 관련하여 출장도 잦은 편이다.

3. 범죄 심리 분석관에게 필요한 능력

범죄 심리 분석관이 되기 위해서는 평소에 주변 사람과 사물, 사회의 각종 이슈에 대해 관심을 갖고 소통을 즐기는 것이 좋으며, 진실을 밝히는 데 오랜 시간이 걸릴 수도 있어 끈기 있는 성격이 필요하다. 사소한 감정에 치우치지 않고 수사하는 냉철함도 필수 조건이며, 다른 사람의 말을 공감하며 들어 줄 수 있는 인내력과 평정심, 직관력도 필요하다. 또한 다양한 사회 현상을 분석적으로 바라볼 수 있는 통찰력과 판단력을 갖고 있어야 한다.

범죄 심리 분석관은 객관적 증거와 논리, 여러 단서를 조합하고 이에 따라 철저하게 분석하는 사고 능력이 요구된다. 자신의 추론과 분석을 냉철하게 비판해 보고 앞서 결론을 내거나 추측하지 말고 오직 근거와 단서, 증거와 논리에 따라 판단하려는 태도가 중요하다. 프로파일링은 외국에서 먼저 시작된 수사 기법이라서 외국의 프로파일링 관련 자료들을 참고하기 위해서는 외국어 능력도 필요하며, 범죄자를 검거하여 사회 정의를 실현하고 좋은 사회를 만들겠다는 마음가짐과 책임감을 갖추어야 한다.

4. 범죄 심리 분석관과 관련된 학과 및 자격증

- **관련 학과:** 범죄심리학과, 심리학과, 사회학과, 정보사회학과, 경찰행정학과, 법학과 등
- **관련 자격:** 범죄심리사, 임상심리사, 상담심리사 등

그것이 알고 싶다 프로파일링은 언제부터 시작되었을까?

프로파일링 수사 기법의 유래를 찾아보면 19세기 말 롬브로조(Cesare Lombroso)라는 정신 의학자가 시초이다. 그는 이탈리아에서 범죄자 383명의 생김새를 분류했고 그것은 범죄학 연구의 시초가 되었다.

프로파일링 수사 기법을 본격적으로 실무에 적용한 수사 기관은 미국의 연방 수사국(FBI)인데, 1960~1970년대 미국에서 연쇄적인 사건이 발생하자 1972년 FBI에 행동과학부가 설치되면서 프로파일링에 대한 연구와 사건 지원이 시작되었다.

5. 범죄 심리 분석관의 직업 전망

강력 범죄가 증가하면서 과학 수사의 중요성이 갈수록 커지고 있어 앞으로 범죄 심리 분석관의 역할은 더욱 부각되겠지만, 근무할 수 있는 곳이 한정되어 있고 전문적인 자격과 실력을 갖추어야만 취업이 가능한 분야이다.

범죄 프로파일링 분야는 앞으로 업무 영역이 보다 전문화되고 보다 체계적으로 기능할 수 있도록 시스템이 마련될 것으로 보인다. 따라서 범죄자의 복잡한 범행 동기를 체계적으로 정리해서 자료화하는 범죄 심리 분석관의 역할도 중요해지고 있다. 현재까지 우리나라에는 범죄 심리 분석관이 많지 않아 앞으로 범죄 심리 분석관에 대한 수요는 증가할 것으로 예상된다. 그리고 경찰의 내부 인력을 범죄 심리 분석관으로 양성할 수도 있기 때문에 다양한 과학 수사 분야에 관심을 가질 필요도 있다. 그 예로 유골의 치아 상태 등을 분석해 수사에 필요한 단서를 제공하는 '법치의학'과 범행 현장에서 발견된 파리나 구더기를 보고 사망 장소나 사후 경과 시간을 추정하는 '법곤충학'은 지금 보다 미래에 더 주목받을 분야이므로 관련 학문에 대해서도 관심을 가질 필요가 있다.

Career Path
커리어 패스

범죄 심리 분석관

범죄 심리 분석관이 되기 위해서는 범죄학 또는 심리학 지식이 반드시 필요한데, 그 중 범죄 심리학을 전공하는 것이 가장 도움이 된다. 범죄 심리 분석관은 인간과 사회의 현상을 이해하고 사건의 상황이나 단서들을 분석해서 용의자를 파악하는 과학 수사 및 범죄 심리 분석에 필요한 사회학 · 심리학 · 법의학 지식과 범죄 수사를 이해할 수 있어야 한다.

범죄 심리 분석관이 되는 방법에는 경찰 공무원 시험에 합격하여 관련 부서에 근무하다가 프로파일러 공채에 지원하는 방법과 범죄 심리 대학원에 진학하는 방법이 있다. 현재 국내 대학의 학사 과정에 범죄심리학과나 범죄학과가 개설된 곳은 없으며, 국내의 몇몇 대학원에 범죄 심리학 과정이 개설되어 있으므로 범죄 심리학을 전문적으로 공부하고 싶다면 대학원 진학을 고려해 봐야 한다. 대학에서 사회학, 심리학을 전공하거나 대학원 등에서 범죄 심리학 등 관련 학과를 전공하면서 이론과 실전 경험을 쌓은 후 지원할 수 있다.

국내는 범죄 심리학 전문가를 양성하는 교육 체계가 아직은 미흡한 편이므로, 범죄 심리학 분야가 발달한 영국 등 외국으로 유학을 가는 것도 범죄 심리 분석관이 되는 방법이다.

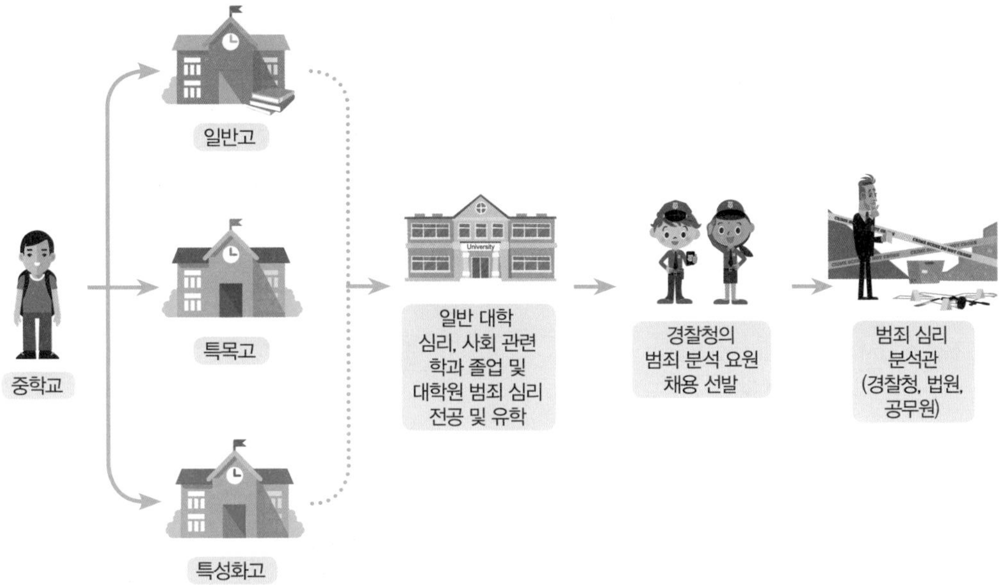

△ 범죄 심리 분석관의 커리어 패스

대학교 관련 학과

범죄심리학과

학과 소개

범죄심리학은 범죄와 관련된 다양한 이론을 바탕으로 범죄자의 범행 동기, 범행 수법 등을 심리학적으로 분석하여 범행의 원인과 특성을 밝히는 학문이다.

최근 발생하는 범죄들은 지능화, 조직화된 양상을 띠고 있으며 강력 범죄, 청소년 범죄, 노인 범죄, 아동 학대 등 분야도 다양해지고 있다. 범죄심리학과는 이러한 범죄의 경향을 과학적으로 분석하여 범죄에 효과적으로 대처할 수 있는 범죄 심리 전문가를 양성하는 학과이다.

관련 학과

심리학과, 상담심리학과, 경찰학과, 경찰행정학과, 경찰안보학과, 법학과, 교정보호학과,사회학과, 정보사회학과 등

진출 직업

범죄 심리 분석관, 경찰, 디지털 포렌식 수사관, 교도관, 몽타주 제작자, 범죄심리연구원, 피해자 전문 상담사, 피해자 심리전문요원, 심리학과 교수 등

자격 및 면허

범죄심리사,
임상심리사,
상담심리사 등

진출 분야

★정부 및 공공 기관★
경찰청 과학수사센터, 경찰서 과학수사계, 경찰청 과학수사관리관(KCSI), 국립과학수사연구원, 검찰, 교도소, 교정기관 등

★연구소★
형사정책연구소, 범죄연구소, 심리학연구소 등

★기타★
언론, 대학교 등

적성 및 흥미

열린 생각과 다양한 가능성을 찾아낼 수 있는 사고의 유연성과 논리적 사고력을 갖추고, 사람이나 사회에 대해 관심을 갖고 바라보고 비판적인 사고력을 가지고 분석할 수 있는 사람에게 적합하다.
사회 정의를 실현하려는 정의로운 마음과 육체적 · 정신적인 강인함이 필요하다.

중·고등학교 학교생활 포트폴리오

★동아리 활동★

시사 · 경제 토론, 학술 토론, 독서 등과 관련한 동아리 활동을 통해 전공과 관련한 많은 경험을 쌓는 것이 중요하다.

★봉사 활동★

캠페인 활동이나 공공 기관 등에서 일회성 봉사 활동보다 지속적인 봉사 활동을 권장한다.

★독서 활동★

사회학, 심리학, 고전, 통계학, 인문학 등 전공과 관련한 폭넓은 독서 활동을 하는 것이 좋다.

★교과 공부★

국어, 과학, 수학, 사회 · 문화, 정치, 경제, 법과 사회 등 관련 교과 실력 향상에 힘쓰고, 적극적인 수업 자세를 통해서 관련 분야 학업 역량을 발휘하는 것이 좋다.

★교외 활동★

공공 기관이나 언론 기관 체험 프로그램이나 다양한 토론과 각종 사회 현안을 다루는 세미나에 적극 참여해 볼 것을 추천한다.

※사회, 정치, 외국어 관련 교과 수상 경력과 사회 관련 각종 탐구 대회에 참여하는 것도 도움이 된다.

04 상담 전문가

관련 학과
상담학과
40쪽

1. 상담 전문가의 세계

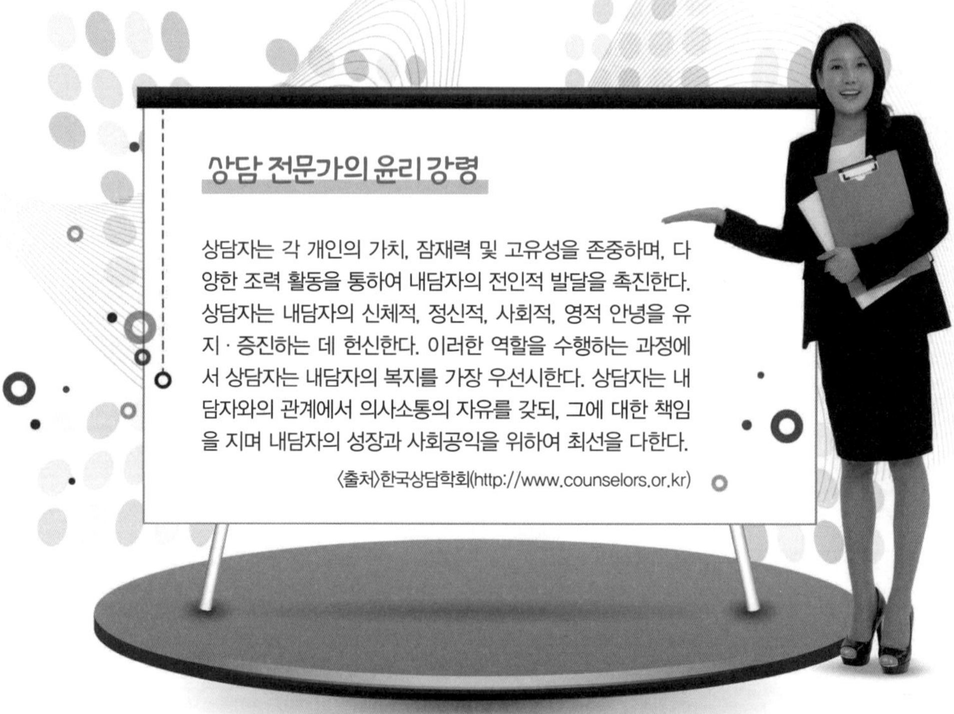

대부분의 사람들은 크고 작은 마음의 아픔을 가지고 살아간다. 그 아픔이 자연스럽게 치유되는 사람도 있지만 아픈 마음이 분노로 표출되고, 때로는 심한 우울증이나 불안감으로 고통을 받는 사람도 있다.

어떤 사람들은 이상 행동을 보이면서 폭력적인 행동을 하거나 우울감을 경험하고 자신의 분노를 참지 못해 자해(자기 스스로 몸을 다치게 함)를 하고 심지어 자살 시도도 한다. 어떤 경우는 단 한 번의 큰 충격으로 트라우마가 생겨 정신적 질병이 생기기도 한다. 이러한 아픔의 크기는 경우에 따라서는 너무 커서 빠르게 치유되지 않을 수도 있다. 이럴 때 마음이 아프고 고통스런 내담자의 이야기를 수없이 들어주고 아픈 마음을 치유하는 심리 치료 과정이 필요하며, 심리 치료를 하기 위해서는 기나긴 치유의 시간이 필요할 수도 있다. 그리고 이러한 치유의 과정은 상담자와 내담자가 서로 만들어 가는 신뢰의 과정이기도 하다.

객관적이고 검증된 심리 검사 등을 통해 사람의 행동과 마음을 이해하는 심리학의 분야 중 우리 생활 주변에서 쉽게 접할 수 있는 분야가 바로 상담이며, 그 전문가를 상담 전문가라고 한다. 상담 전문가는 다양한 심리적인 문제들 때문에 아픔을 겪고 있는 사람들과의 상담 활동을 통해 고민을 이해하고, 아프고 불편한 마음을 해결할 수 있도록 돕는 일을 한다.

상담 전문가가 되기 위한 학습 과정과 수련 과정은 매우 길기 때문에 학습에 대한 인내력과 상담 전문가에 대한 확실한 믿음이 필요하다. 그리고 내담자의 아픈 마음을 공감하고 경청(귀를 기울여 들음)를 통해 인내하며 기다려주어야 하므로 사명감 없이는 지속할 수 없는 직업이다.

그것이 알고 싶다 상담과 관련된 용어에 대해 알아볼까?

- **내담자:** 자신이 가지고 있는 심리적인 문제를 혼자 해결하는 데 어려움을 느껴 상담 전문가의 도움을 받아 해결하려고 하는 사람
- **라포(rapport):** '마음의 유대'란 뜻으로 서로의 마음이 연결된 상태, 서로 마음이 통하는 상태, 사람 사이에 생기는 상호 신뢰 관계
- **방어 기제:** 인간의 마음이 상처받고 고통스럽거나, 불안을 통제하기 곤란할 때 자신을 보호하기 위해 실제적인 욕망을 무의식적으로 속이면서 사용하는 행동 특성

2. 상담 전문가가 하는 일

상담 전문가는 성격, 대인 관계, 가정 문제, 진로 문제 등 인간이 살아가면서 느끼는 정신적 고통과 고민에 대해 각종 심리 검사를 활용하여 문제를 파악하고 분석한다. 상담 프로그램 등을 진행하고 분석 및 치료를 통해 내담자가 스스로 문제를 깨닫고 바람직한 해결 방법을 찾아서 건강하게 살아갈 수 있도록 지원하는 일을 수행한다.

상담 전문가는 개인 상담, 집단 상담 등 각종 상담 프로그램을 진행하고, 학교 상담실이나 청소년 상담실 등에서 청소년을 상담한다. 그 외 아동, 성인, 부부, 가족, 노인 등 다양한 사람들에게 상담을 통해 새로운 삶을 살 수 있도록 돕는다.

심리적으로 어려움을 겪는 사람들을 직접 만나서 마음의 상처를 적극적으로 이해하고, 자신의 체험 과정을 명확하게 의식할 수 있도록 공감해 준다.

객관적으로 검증된 심리 검사와 전문적인 지식을 가지고 상담을 진행하여 내담자의 심리적인 문제를 해결해 나가면서 인격적 발달을 돕는다.

다양한 심리 검사의 적용 및 활용을 위해 검사 결과 해석 방법에 대해서 연구하고, 검사 결과를 분석한다.

내담자의 심리 상태를 진단하기 위해 각종 심리 검사를 실시하여 결과에 대해 신중하게 판단하고, 내담자의 성격, 지능, 신체적 · 정서적 · 행동적 증상에 대해 평가하고, 검사 결과를 해석한다.

상담 전문가는 마음이 아픈 사람들을 돕고, 치유가 되어 변화되는 모습을 지켜보면서 보람과 기쁨을 느낀다. 심리적으로 힘들어하는 사람을 가장 가까운 곳에서 도울 수 있다는 뿌듯함도 있다. 사람들을 직접 만나 많은 이야기를 듣기 때문에 상대방의 치료와 더불어 자신의 내면적인 발전도 함께 이룰 수 있다는 장점이 있다. 그러나 상담 전문가는 높은 수준의 학력이 필요하고, 계속해서 공부하고 배워야 하므로 직업에 대한 신념이 확고하지 않다면 어려움을 느낄 수 있다. 또한 다른 사람의 스트레스와 고민을 해결하는 과정은 매우 힘든 일이므로 상담 과정에서 본인이 심한 스트레스를 받을 수도 있다.

그것이 알고 싶다 심리 검사에 대해 알아볼까?

심리 검사는 사람들의 심리적 속성의 차이를 알아보는 것으로, 여러 사람에게 동시에 실시하는 집단 검사와 개별적으로 실시하는 개인 검사로 나뉜다. 내용 혹은 목적에 따라 성취 검사, 적성 검사, 성격 검사 등으로 나누기도 한다. 사람들의 심리를 알아내는 방법에 따라 자기 보고식 검사, 투사적 검사로 나누기도 한다.

자기 보고식 검사는 가장 많이 쓰는 방법으로 심리 검사를 받는 사람이 직접 질문에 응답하는 검사를 말한다. 지능을 알아보는 웩슬러(Wechsler) 검사나 성격을 알아보는 MBTI 검사 등이 이에 해당한다. 투사적 검사는 검사를 받는 사람이 어떤 상황이나 장면, 또는 불규칙한 잉크 자국 등을 보고 자유롭게 대답하는 방식으로 대답을 분석해서 사람들의 심리를 파악한다.

3. 상담 전문가에게 필요한 능력

사람의 심리와 성격에 대한 전문적인 지식을 활용해 상담을 이끌어 나가기 위해서는 타인의 마음을 이해하는 능력과 타인의 상황, 고민, 행동에 적극적으로 공감대를 형성하는 것이 중요하다. 다른 사람과 공감하기 위해서는 상대방을 배려하는 마음이 있어야 하며, 경청의 자세를 갖고 포용력과 집중력이 있어야 한다. 상담의 효과는 바로 나타나지 않기 때문에 인내심을 갖고 꾸준히 내담자의 치료를 위해 성실하게 노력해야 한다.

상담은 주로 대화를 통해 진행되지만, 심리 상담을 받는 사람들은 대부분 자신의 생각을 정확히 표현하기 어려워하므로 상담 전문가는 내담자와의 말과 생각들을 정리해 주는 역할도 해야 한다. 그러기 위해선 내담자의 표정과 태도를 꼼꼼하게 관찰하며 이야기를 듣고, 의미를 이해하며, 다시 재정리하고 명확하게 전달해 주는 언어 능력과 의사소통 능력이 요구된다.

상담 전문가는 심리 검사들을 활용하므로 정확한 판단을 위해서는 상담 내용과 검사

결과를 종합하여 심리 상태를 정확히 분석하는 능력이 필요하다. 또한 치료의 과정으로 상대방에게 자신의 경험과 지식을 정확하고 효과적으로 전달하는 능력도 필요하다.

4. 상담 전문가와 관련된 학과 및 자격증

- **관련 학과:** 상담학과, 상담심리과, 심리학과, 교육심리학과, 청소년지도학과, 아동학과, 교육학과, 가족복지과, 사회복지상담과, 아동청소년지도학과 등
- **관련 자격:** 전문상담교사, 청소년상담사, 상담심리사, 청소년지도사, 직업상담사, 심리치료사 등

5. 상담 전문가의 직업 전망

사회가 점점 복잡해지고 빠르게 변화하면서 크고 작은 고민을 겪고 스트레스를 받는 사람들이 많아지고 있다. 특히 심각한 우울증이나 피로감, 무기력감, 소외감, 여러 가지 중독, 대화 단절 등의 심리적인 문제로 대인 관계가 힘들어지면서 사회적으로 정신 건강에 대한 관심이 커지고 있다. 이러한 문제에 대해 상담을 통해 심리적인 문제를 해결하고 싶어 하는 사람이 늘어나고 있어 이들을 도와줄 수 있는 상담 전문가의 수요는 증가할 것이다.

65세 이상 연령층이 총인구의 20% 이상을 차지하는 사회

특히 우리나라는 초고령 사회를 앞두고 있어 노인 문제를 전문적으로 상담하는 상담 전문가에 대한 수요가 늘어날 것이다. 상담에 대한 사회적 인식도 변화하여 각종 상담 센터 등이 설립되고 있으며, 아동 상담, 청소년 상담, 성인 상담, 부부 상담, 노인 상담 등 대상에 따라 상담도 세분화되고 있는 추세이다. 또한 기업이나 학교, 청소년 관련 기관, 정신 보건 센터 등에서도 상담 전문가를 채용하고 있어 활동 분야가 점점 넓어질 것으로 보인다.

Career Path 커리어 패스

상담 전문가

상담 전문가는 사람들이 일상생활에서 겪는 심리적이고 정서적인 문제들을 상담하고, 인간 심리의 심층적인 문제를 다루어야 한다. 따라서 상담 심리와 관련된 이론적인 지식은 물론 상담 기법 및 사례의 이해, 성인 상담, 청소년 상담, 상담 프로그램 개발 등 상담 기법 및 검사 기법 등의 지식과 자격을 갖추고 실제 경험을 쌓는 수련 과정을 거쳐야 한다.

상담 전문가가 되기 위한 방법으로는 대학에서 상담학과, 심리학과, 상담심리학과, 교육학과, 교육심리학과 등 관련 학과를 졸업한 후 상담 심리학 분야의 석사 및 박사 학위 과정의 대학원에 진학하여 전문적인 지식을 쌓고 진출하는 경우가 일반적이다. 이 밖에도 관련 학과를 전공하지 않더라도 상담 관련 대학원에 진학하여 전문 지식을 습득하면 상담 전문가로 진출할 수도 있다.

상담 전문가는 유능한 상담 전문가의 지도와 조언 아래 체계적인 상담 경험을 쌓는 것이 매우 중요하며, 학교 상담실, 청소년 상담실, 사회복지기관, 각종 상담센터 등에서 활동할 수 있다. 그리고 심리 관련 학과를 전공하고 교직을 이수하면 전문상담교사 2급 자격증을 취득하여 임용고시를 통해 학교에서 상담교사로 근무할 수 있다.

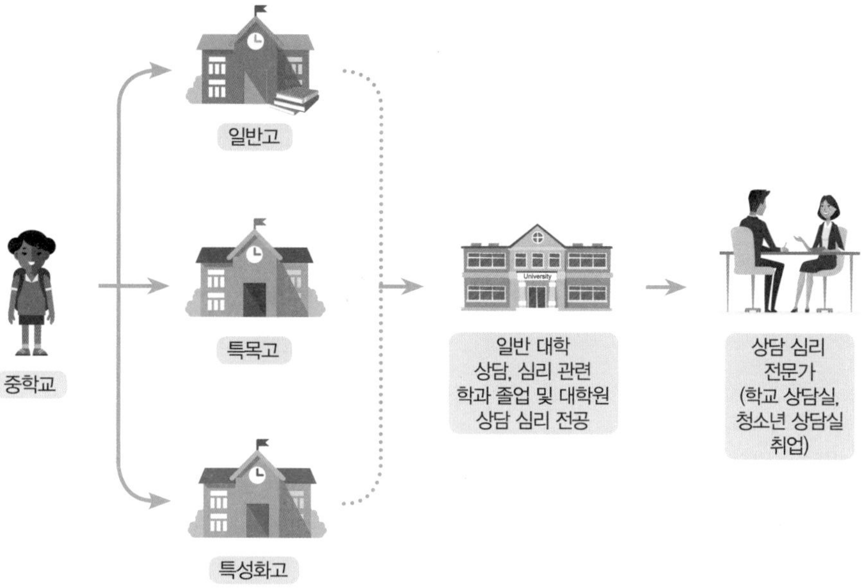

상담 전문가의 커리어 패스

대학교 관련 학과

상담학과

학과 소개

상담학과는 인간의 행동과 심리 상태를 탐구하여 학교, 기업, 지역 사회 등 다양한 삶의 현장에 적용할 수 있는 상담 지식과 관련 학문을 배우는 학과이다.
인간이 삶에서 직면하는 다양한 고통과 고난의 문제를 보다 효과적으로 해결할 수 있도록 돕고, 인간 본연의 성장과 건강한 사회의 발전에 기여하는 상담 전문가를 양성하는 데 목적이 있다.

적성 및 흥미

사람의 마음을 이해하고 공감하는 능력, 인간의 감정과 생각에 대한 인식 능력과 수용 능력, 변화에 대한 개방적인 태도가 필요하다. 타인의 행복과 가치를 인정하는 태도, 원활한 의사소통 능력 등도 요구된다.
다문화 사회의 상담 요구에 적극 부응하기 위해서는 외국어 능력과 건전하고 폭넓은 상식을 갖추는 것이 좋다.

관련 학과

심리학과, 상담심리학과, 교육심리학과, 청소년지도학과, 아동복지과, 사회복지학과, 청소년학과, 아동학과, 교육학과, 가족복지과, 사회복지상담과, 아동청소년지도학과 등

자격 및 면허

청소년상담사,
청소년지도사, 전문상담교사,
직업상담사, 전문상담사,
평생교육사, 경영지도사,
임상심리사, 정신보건임상심리사,
정신보건사회복지사,
소비자전문상담사 등

진출 분야

★기업체★
기업 내 상담소 등

★정부 및 공공 기관★
시립 · 공립 청소년 상담실, 초 · 중 · 고 · 대학교 학생 상담실, 사회 복지 기관 · 공공 기관의 상담실 등

★기타★
개인 상담 센터, 아동 상담, 청소년 상담, 가족 상담, 부부 상담, 중독 상담, 직업 상담 프로그램 개발 연구가 등

진출 직업

상담 전문가, 직업 상담사,
아동 발달 전문가, 자살예방
상담가, 이혼 상담가, 놀이 치료사,
사회 복지사, 청소년 지도사, 커리어
코치, 노년플래너, 전직지원 전문가,
다문화 코디네이터 등

중·고등학교 학교생활 포트폴리오

★동아리 활동★

심리 연구, 또래 상담 등의 동아리 활동을 통해 전공과 관련한 많은 경험을 쌓는 것이 중요하다.

★봉사 활동★

사회 복지 시설, 상담 기관 등에서 일회성 봉사 활동보다 지속적인 봉사 활동을 하는 것이 좋다.

★독서 활동★

심리학, 상담, 문학, 인문학, 철학, 윤리 등 전공과 관련하여 다양한 분야의 독서 활동을 권장한다.

★교과 공부★

여러 분야의 지식이 필요하므로 여러 과목을 충실하게 공부하며, 특히 국어, 수학, 영어, 사회 관련 교과 실력 향상에 힘쓴다.

★교외 활동★

심리 검사 체험, 적성 검사 체험, 심리학 학회 참가 등 관련 기관 방문 및 직업 체험 프로그램에 적극 참여할 것을 권장한다.

※인성 분야 수상과 국어, 영어, 사회 관련 교과 수상 경력, 자율 주제 탐구 대회에 참여하는 것도 도움이 된다.

05 소방관

관련 학과
소방방재학과
48쪽

1. 소방관의 세계

우리는 화재가 발생하거나 누군가가 다쳐서 쓰러지면 119로 전화를 걸어서 도움을 요청한다. 누군가 물에 빠지거나 처마 밑에 벌집이 자리 잡아도 119를 떠올린다. 위기 상황에서 누구나 떠올리는 긴급 번호 '119'는 화재, 구급, 구조 등의 위급한 상황이 발생하면 '하나하나 다 구한다.', '일일이 구한다.'는 의미가 있다고 한다. 이렇게 119로 전화를 걸면 출동하는 사람들이 우리의 생명과 안전을 지켜주는 영웅과도 같은 존재인 바로 소방관이다. 각종 사고 현장에 가장 먼저 달려가는 소방관은 화재를 예방하고 진압하며, 교통사고, 지진, 홍수, 태풍 등 여러 사건들과 자연 재해 상황에 출동하여 구조 및 구급 활동을 한다.

대형 화재가 발생한 현장에서 불구덩이와 싸우면서 시민들을 구하고, 방화복 마저

녹고 검게 그을린 소방관의 얼굴이 찍힌 사진을 보면 큰 감동을 받기도 한다. 화재를 진압하기 위해 시민들을 모두 대피시킨 뒤 호스를 들고 화재 속으로 당당하게 걸어가는 그들의 모습에서 희생을 마다하지 않는 투철한 직업 정신을 느낄 수 있으며, 이런 모습은 저절로 존경심과 감사함을 갖게 만든다. 그래서 소방관은 수많은 직업 중에서도 가장 고마워하고 존경하는 직업으로 손꼽힌다.

소방관은 구조 활동을 펼치는 과정에서 다치거나 생명의 위협을 느낄 수 있게 때문에 항상 긴장 속에서 일해야 하고, 여러 가지 위험과 싸워야 하므로 사명감과 희생 정신이 없으면 쉽게 선택할 수 없는 직업이다. 소방관은 다른 직업에 비해 매우 위험한 일을 하지만 국민의 생명과 안전을 지킨다는 보람과 자긍심은 그 어떤 직업보다 크다고 할 수 있다. 그리고 공무원 신분이라는 직업적인 특성 때문에 일반 기업보다는 고용 구조가 안정되어 있는 직업이다.

그것이 알고 싶다

화재의 발생 원인에 대해 알아볼까?

사람의 부주의에 의해 불이 나는 실화, 사람이 불을 질렀거나, 불을 지른 것으로 의심되는 방화, 산화, 약품, 마찰 등으로 열이 나면서 저절로 불이 일어나는 자연 발화, 지진, 해일, 화산이 터질 때 불이 나는 천재지변 등 다양한 원인에 의해 화재가 발생한다.

2. 소방관이 하는 일

소방관은 화재 진압, 인명 구조, 구급 활동, 재난 대응 등 국민의 안전과 재산을 지키는 일을 수행한다.

특히 화재는 순식간에 생명과 재산을 빼앗을 수 있으므로 화재 예방은 무엇보다 중요하다. 그러므로 소방관은 화재 예방을 위한 교육에 많은 노력을 기울이고 있다. 그 외 구조 · 구급 활동, 긴급 상황 대비, 소방 행정 업무 처리, 화재 원인에 대한 조사 등 다양한 업무들을 수행하고 있다.

화재 및 안전사고 예방 교육을 실시하고, 건물이나 정유 · 화학 공장 등 각종 산업 시설에 대한 정기적인 소방 시설 안전 점검을 수행한다.

화재 신고가 접수되면 화재 현장으로 빠르게 출동하여 불을 끄고 위험에 처한 사람들을 대피시키거나 구조한다.

화재 현장을 찾아 화재 발생의 원인을 감식하고, 인명과 재산의 피해 상황 등을 조사한다.

화재나 재난 현장을 수습하고 인명 구조 활동과 환자의 응급 처치를 하고 병원으로 옮기는 일을 한다.

긴급 상황을 대비해 소방차, 응급 처치 물품 등을 점검하고, 인명 구조에 필요한 교육과 훈련 및 체력 단련을 실시한다.

가정이나 회사에서 일어나는 사고 등 위급한 상황이 벌어졌을 때 국민들을 구조하고 보호한다.

소방관들은 화염, 유독 가스의 유출, 건물 붕괴 등 생명과 안전을 위협하는 요소가 많은 사고 현장에서 일을 해야 하며, 다른 사람의 안전을 위해 자신의 안전을 보장할 수 없는 직업이다. 또한 119 신고 전화가 언제 올지 모르기 때문에 항상 출동 준비를 하면서 늘 긴장하고, 대기해야 한다는 점도 힘든 점이다. 소방관들은 사고나 응급 환자 발생뿐만 아니라 새로운 유형의 사고를 대비하고 처리할 수 있도록 훈련받아야 하므로 몇 달 동안의 집중 소방 훈련 외에도 수시로 훈련과 교육을 받기도 한다. 소방관은 위험한 화재와 재난의 현장에서 사람을 구조해야 하기 때문에 위험에 대한 스트레스가 크고, 항상 긴장해야 하므로 몸과 마음을 강하게 단련시키기 위해 노력해야 한다.

그것이 알고 싶다 소방관이 하는 일은 어떻게 구분할까?

모든 소방관이 화재 현장으로 출동하는 것은 아니다. 소방관들은 근무 장소에 따라 크게는 소방 행정, 소방 교육, 각종 건축물에 대한 소방 검사 등 화재 예방 활동과 관련된 일을 하는 내근직 사무 요원과 화재 진압 요원, 구조 요원, 구급 요원으로 활동을 하는 현장 활동 요원으로 일하는 외근직 현장 활동 요원으로 구분할 수 있다. 그리고 소방 항공기로 응급 환자 공중 수송, 방재 활동 지원 등을 하는 소방 항공대, 강이나 호수에서 발생하는 수난 사고를 담당하는 수난 구조대, 화재의 원인과 흔적 등을 분석하는 화재 감식반, 해상에서 선박 화재나 구호 등을 담당하는 해상 소방대에서도 근무할 수 있다.

3. 소방관에게 필요한 능력

소방관은 화재, 구조, 구급에 대한 전문 지식과 소방관으로서 갖추어야 할 인성과 적성을 가져야 한다. 화재 진압, 인명 구조 등은 체력이 매우 많이 소모되는 일이므로 강한 체력을 위해 꾸준하게 운동을 해야 한다. 위급한 상황에 가장 안전한 대응 방법이 무엇인지 판단하는 능력도 중요하므로 신속하게 잘 대응할 수 있도록 상황 판단력, 위기 대응 능력을 길러야 한다. 화재가 일어난 건물 안은 연기로 가득 차면 어둡고 방향 감각을 상실할 수 있기 때문에 소방관도 위험에 처할 수 있다. 따라서 화재가 일어난 공간의 크기, 형태, 부속 구조물 설치 여부 등을 빠르게 인지할 수 있는 공간 지각력이 필요하다.

소방관은 위급하고 위험한 상황에서 팀워크(teamwork)를 이루어야 하므로 협동심도 있어야 한다. 국민의 생명과 안전을 위해 헌신해야 하므로 국민을 지킨다는 사명감과 나를 희생하는 정신이 필요하다. 생명을 소중히 여기고 다른 사람에 대한 배려심도 있어야 하며, 어려운 이웃을 도울 줄 알고 국민을 위해 봉사하겠다는 마음가짐, 대인 관계 능력, 책임감과 안전 의식도 필요하다.

팀워크(teamwork): 팀이 협동하여 행하는 동작. 또는 그들 상호 간의 연대

그것이 알고 싶다 소방 공무원 선발 시험에 대해 알아볼까?

소방직 공개 채용 시험과 특별 채용 시험, 소방 간부 후보생 선발 시험이 있다. 소방직 공개 채용의 경우 국어, 한국사, 소방관계 법규 과목을 보는 필기시험, 제자리 멀리뛰기, 윗몸 일으키기 등 체력을 검정하는 시험, 면접 시험을 거쳐 선발된다. 소방직 특별 채용은 대학에서 소방행정학과, 소방방재학과, 소방(공)학과, 응급구조학과 등을 전공하거나 의무 소방대원 전역자여야 응시할 수 있다. 소방 간부 후보생 선발 시험은 소방위를 선발하는 시험으로, 계열마다 시험 과목이 조금씩 다르고 채용 인원의 10%는 의무적으로 여성을 선발한다.

4. 소방관과 관련된 학과 및 자격증

- **관련 학과:** 소방학과, 소방행정학과, 소방공학과, 소방방재학과, 소방안전학과, 소방안전관리학과, 응급구조학과 등
- **관련 자격:** 소방설비기사, 소방기술사, 보통 또는 대형 1종 운전면허(일반소방 분야), 간호사, 1급 응급구조사(구급 분야) 등

5. 소방관의 직업 전망

산업과 경제의 발전으로 사회가 점점 복잡해지고 다양한 위험 요인들이 늘어나고 있는 상황이다. 산업체 및 건설 현장에서도 각종 안전사고의 증가로 인하여 안전 관리의 중요성이 대두되고 있다. 소방 시설물의 규모가 크고, 에너지 사용이 많아지면서 대형 재난 사고의 발생 건수가 늘어나고 있다. 특히 기후 환경의 변화로 예측하기 힘든 자연재해가 빈번히 발생하고 있어 국가의 각종 재난으로부터 국민의 생명과 안전을 보호하기 위한 전문 인력인 소방관의 역할은 점점 커지고 있다. 이에 따라 전국 소방서와 119 안전 센터가 증설될 예정이며, 따라서 소방관의 일자리는 지금보다 늘어날 것으로 보여 취업 전망은 밝다고 할 수 있다.

소방관은 공무원이기 때문에 고용은 안정적이지만 업무 중에 각종 위험에 노출되고, 근무 강도가 강하기 때문에 스트레스가 많은 직업이다.

Career Path
커리어 패스

소방관

소방관은 화재 예방과 진압이라는 기본적인 업무와 긴급 구조, 구급 출동, 봉사 활동 등 시민들의 안전과 재산 보호를 위해 소방, 건축, 기계, 화학 공학 등 다양한 분야의 지식과 자격을 갖추어야 한다. 학력 제한은 없으므로 대학 진학이 필수는 아니지만 소방 관련 학과를 전공하면 소방과 관련된 일에 대한 전반적인 이해와 업무를 처리하는 데 도움이 되는 공부를 할 수 있다. 일반 대학의 소방방재학과, 소방학과, 소방행정학과, 전문 대학의 소방안전관리과 등 소방 관련 학문 전공자는 특별 채용 시험을 볼 수 있어 취업에 유리하다.

소방 공무원 시험의 응시 자격에 성별과 경력, 학력 제한은 없지만 연령 제한은 있다. 시험에 합격하려면 건강한 체력을 갖추고, 안경을 벗은 상태에서 시력이 0.3 이상이어야 하고 색깔을 구분하지 못하는 사람은 응시할 수 없다. 응급 구조 및 소방 설비에 관련한 자격증을 취득하면 도움이 되며, 소방 분야는 1종 보통 이상의 운전 면허를 소지하고 있어야 하고, 구급 분야는 1급 응급 구조사 자격증을 취득한 후 관련 분야에서 2년 이상 근무한 경력자여야 응시할 수 있다.

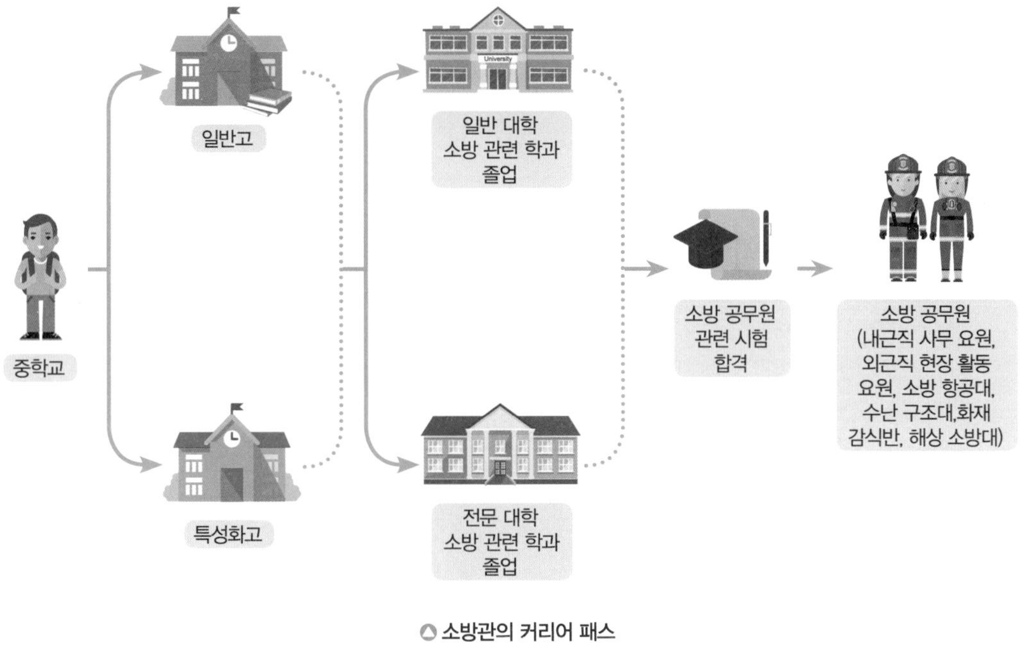

△ 소방관의 커리어 패스

대학교 관련 학과

소방방재학과

학과 소개

소방방재학은 국민의 생명과 재산을 안전하게 보호하기 위한 학문으로 소방, 토목, 건축, 기계, 전기 및 화학 공학 등 다양한 분야가 접목되어 있다.
화재, 폭발, 지진 등 각종 재난을 예방하고 진압하는 업무를 수행할 수 있도록 이론 교육과 철저한 실험 실습 교육을 통하여 소방 및 방재 분야의 전문 인력을 양성하는 학과이다.

적성 및 흥미

운동을 좋아하고 활동적이며 소방 IT, 첨단 소화 설비, 전기, 화학, 건축 등의 여러 분야가 어우러진 공학 분야에 관심이 있다면 좋다.
각종 소방 기계를 잘 다루기 위해서는 기계에 대한 기본적인 지식을 가지고 있어야 하고, 사명감과 봉사 정신, 통찰력이 필요하다.

진출 직업

소방 공무원, 소방 공학 기술자, 위험 관리 연구원, 화재 감식 전문가, 응급 구조사, 산림 소방관, 방화 관리 안전 관리 요원, 안전 교육사, 자연 재해 전문가, 각종 소방 대상물의 소방 안전 관리자, 방재 안전 관리사 등

중·고등학교 학교생활 포트폴리오

★동아리 활동★

공학, 보건, 스포츠 동아리 활동을 통해 전공과 관련한 많은 경험을 쌓을 것을 추천한다.

★봉사 활동★

경로당, 보육원, 사회 복지 시설 등에서 지속적인 봉사 활동을 하는 것이 좋다.

★독서 활동★

소방, 정보, 공학 등 전공과 관련한 폭넓은 독서 활동을 권장한다.

★교과 공부★

수학, 국어, 한국사, 영어, 생물, 화학, 체육 등의 교과 실력 향상에 힘써 관련 분야의 학업 역량을 키운다.

★교외 활동★

소방 안전 박람회, 소방 체험관, 소방 관련 기관 방문 프로그램에 적극 참여할 것을 추천한다.

※인성 분야 수상과 수학, 생물 관련 교과 수상 경력, 자율 주제 탐구 대회에 참여하는 것도 도움이 된다.

자격 및 면허

소방시설관리사, 소방설비산업기사(전기 · 기계 분야), 소방안전교육사, 위험물산업기사, 화재조사관, 정보처리산업기사, 산업안전산업기사, 전기공사산업기사, 건설안전산업기사, 방화관리자, 방재안전관리사, 가스기사, 소방안전관리사, 기업재난관리사, 재난관리사 등

진출 분야

★기업체★

대기업 방재 센터, 소방 설비 시공 감리 업체, 소방 · 방재 · 위험물 및 재난 관리 관련 업체 등

★정부 및 공공 기관★

소방청, 행정안전부, 과학기술정보통신부, 국토교통부, 산림청 등

★연구소★

소방 관련 연구소, 방재시험 관련 연구소, 소방방재기술 관련 연구소 등

관련 학과

소방안전과, 소방안전관리과, 소방안전구급과, 소방환경방재과, 소방환경안전과, 소방설비공학과, 소방공학과, 소방공재공학과, 안전공학과, 재난안전소방학과, 소방행정학과 등

06 안경사

관련 학과
안경광학과
56쪽

1. 안경사의 세계

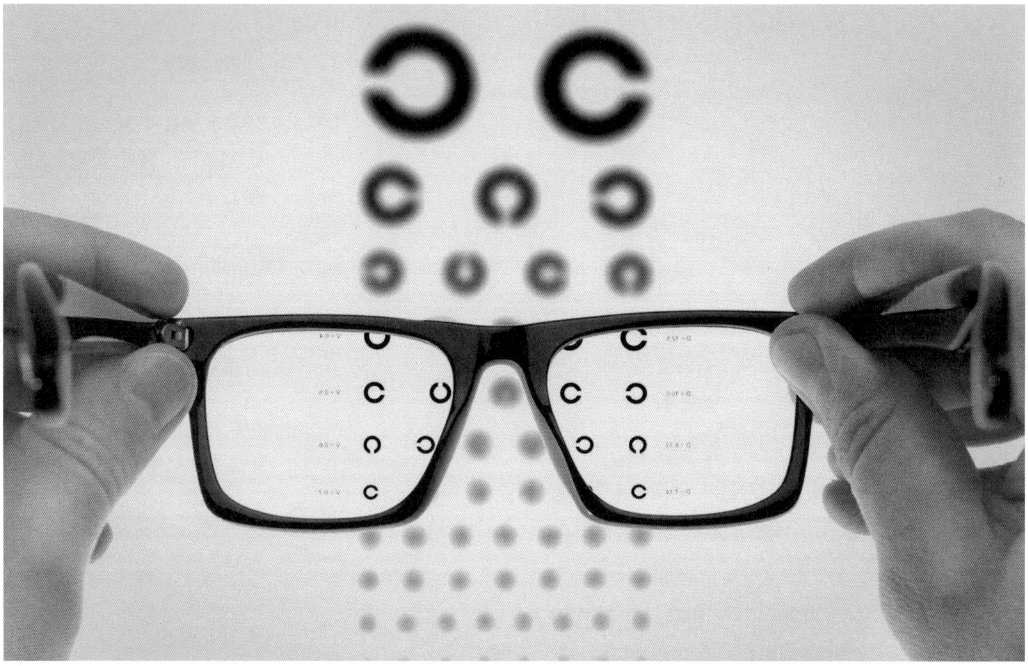

우리는 안경이나 콘택트렌즈 등의 구입에 대한 고민이 있을 때 안경원을 찾아가 상담을 하고 자신의 시력에 맞는 안경이나 콘택트렌즈를 맞추게 된다. 이때 안경원에서 눈에 맞는 안경을 상담해 주고, 추천해 주는 사람이 안경사인데, 안경원을 운영하기 위해서는 반드시 안경사 면허를 소유해야 한다.

안경이나 콘택트렌즈뿐만 아니라 여름이 되면 물놀이를 위한 물안경과 선글라스를 많이 찾는다. 물안경은 오염된 물과 자외선 그리고 외부 충격으로부터 눈을 지켜 주며, 선글라스는 강한 자외선으로부터 눈을 보호해 주는 기능을 가지고 있다. 도수가 있는 물안경이나 선글라스도 안경과 마찬가지로 제대로 된 시력 검사를 통해 구매하는 것이 좋다. 또한 식품이나 화장품에 유통기한이 있는 것처럼 선글라스에도 수명이 있다. 안경

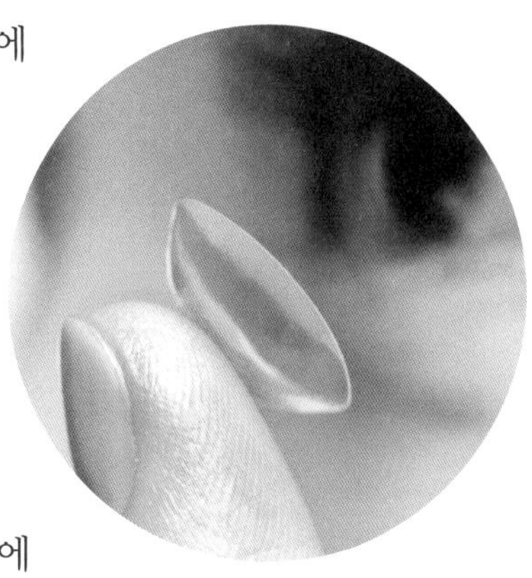

렌즈가 열이나 흠집이 많이 생기게 되면 렌즈 표면의 코팅에 문제가 생기게 되고, 그로 인해서 자외선을 차단하는 기능이 떨어지되므로 주기적으로 점검하는 것이 좋다. 안경원에는 자외선 투과율을 측정하는 기계가 있고, 여기에 선글라스를 올리면 자외선 투과율이 숫자로 표시되어 쉽게 확인할 수 있다.

콘택트렌즈는 도수가 없더라도 의료 기기에 속하므로 안경사 외에는 판매가 금지되어 있으며, 안경원이 아닌 곳에서 콘택트렌즈의 판매는 위법이다.

사람들의 눈 건강은 생활 환경의 변화, 망막의 변형 등 다양한 요인으로 악화될 수 있다. 그렇기 때문에 안경은 사물을 잘 보이게 하는 것은 물론이고, 눈을 보호하여 시력 저하를 예방하는 역할을 한다. 최근에는 다양한 영상 매체와 고령 인구의 증가 및 조기 교육의 영향과 고학력 인구의 증가 등 시각 정보의 사용량이 늘어남에 따라 안경 착용 인구가 증가하고 있다. 또한 국민 소득의 향상에 따른 삶의 질이 높아지면서 안경은 시력 보정을 넘어 패션과 레포츠 등에서도 이용이 증가하고 있다.

2. 안경사가 하는 일

안경사는 시력 검사를 통하여 눈을 검사하고 고객의 눈 상태와 취향에 맞게 안경이나 콘택트렌즈를 추천해 주고 판매하는 일을 한다. 또한 안경이나 콘택트렌즈의 착용 방법, 시력 보호를 위한 눈 관리 방법도 설명해 준다.

고객의 눈 건강 향상과 시력 증진에 기여하는 보건 의료 전문가로서의 업무뿐 아니라 고객 응대와 상담 같은 서비스와 안경원 운영 업무도 수행한다.

고객의 시력을 확인하고 고객에게 맞춰 안경 렌즈와 안경테를 선별, 판매, 조립하여 제공한다. 이후 지속적인 사후 관리까지 담당한다.

고객에게 안경을 추천할 때 시력 문제뿐만 아니라 눈의 상태에 대하여 설명한다.

고객의 얼굴 형태나 눈의 크기, 두 눈동자 간의 거리, 각막의 두께, 코의 높이 등을 측정해서 가장 잘 어울리는 모양과 색상의 안경테를 추천해 준다.

안경, 콘택트렌즈의 세척과 착용, 보관 방법과 시력 보호를 위한 적합한 방법, 예를 들어 시력을 보호하기 위한 조명이나 시력 보조 기구의 사용법 등에 대해 설명한다.

고객의 시력을 검사하고 의학적 치료가 필요한 경우는 의사의 치료를 권유하고, 안경 관련 업체와 학회 등의 교육 프로그램에도 자발적으로 참여한다.

안경사는 자신의 전문적이고 사업적인 역량을 발휘해서 안경원을 창업할 수도 있고, 안과 병원이나 기업체 취업 등 진로 선택의 폭은 다양한 편이다. 안경사는 안경원을 운영하면서 퇴직에 대한 염려 없이 일을 할 수도 있는 전문 직업인이며, 경력에 따른 대우를 받을 수 있다. 그러나 안경원도 프랜차이즈 안경원이 등장하면서 포화 상태이며, 안경사 취득자 수가 매년 많이 배출되고 있어 취업에도 어려움이 있다. 또한 안경사는 다양한 사람을 만나면서 일을 해야 하고, 까다로운 고객으로 인해 스트레스를 받는 일도 있다.

그것이 알고 싶다 안경사 국가고시에 대해 알아볼까?

안경사 국가고시는 1차 필기시험의 경우 총 3과목을 보며, 2차 실기 역시 필기 형식으로 1과목을 본다. 필기시험은 총 190문제로 1교시 시험 과목은 시광학 이론 이며, 객관식 형태로 출제된다. 2교시는 의료 관계 법규와 시광학 응용이다. 실기시험은 총 60문제 객관식 형태로 출제된다.

합격자 기준을 보면 필기시험은 전 과목 총점의 60% 이상, 각 과목 40% 이상의 점수를 받아야 하며, 실기시험의 경우는 60% 이상 득점해야 한다.

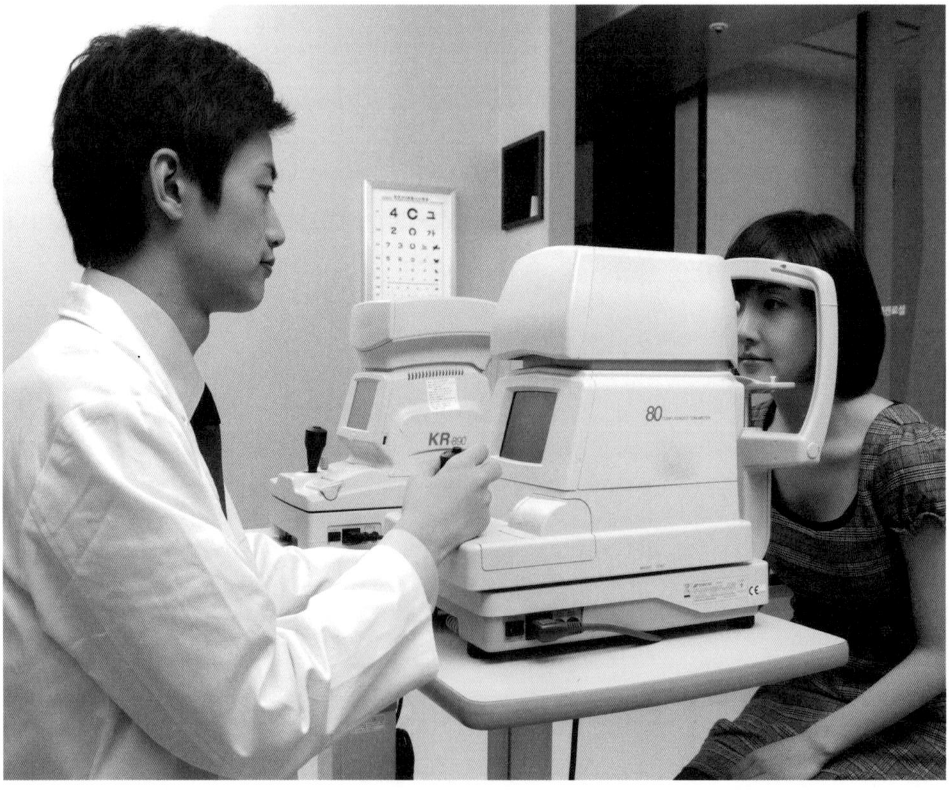

3. 안경사에게 필요한 능력

안경사는 주로 고객과 상담하는 일이 많으므로 조리 있게 말하는 언어 능력이 필요하다. 따라서 외향적이며 사교적인 성격이 좋다. 콘택트렌즈나 안경의 제조를 위해 꼼꼼하고 세밀한 성격으로 정확하게 안경을 제작할 수 있어야 하며, 눈과 시력에 대한 의학 지식과 안경과 렌즈를 판매하기 위한 영업 능력도 필요하다.

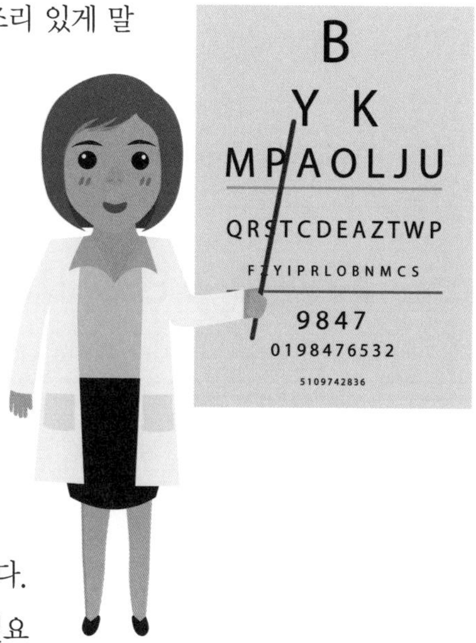

안경사는 관리자로서 재고 관리 능력과 마케팅 능력이 요구되며, 고객들과 직접적으로 대하기 때문에 시력 측정이나 불만 사항을 파악하기 위해 원활한 의사소통과 원만한 대인 관계 능력이 필요하다. 고객에게 신뢰를 줄 수 있는 단정한 용모와 태도가 필요하며 자기 통제 능력, 정직한 자세를 갖추어야 한다.

안경사가 되기 위한 과정에는 광학수학, 광학물리학 및 정밀측정기계 사용법, 기타 기계 및 공구에 관한 교육 등이 포함되기 때문에 물리학, 기본 해부학, 대수학, 기하학 그리고 기계 제도 등의 지식이 있다면 도움이 된다. 또 안경 제작이나 가공 시 고객의 요구사항에 맞게 제작할 수 있는 섬세하고 정교한 손동작 등 정밀한 능력도 필수적이다.

4. 안경사와 관련된 학과 및 자격증

- **관련 학과:** 안경광학과, 광학공학과 등
- **관련 자격:** 안경사, 광학기사, 세계콘택트렌즈협의회 인증서(IACLE STE), SMAT(국가공인 서비스경영전문가) 등

5. 안경사의 직업 전망

과거에 비해 영상 매체, 인터넷, 스마트 기기의 급격한 증가 등 다양한 이유로 어린이, 청소년, 성인의 눈 건강이 위협받고 있다. 또한 고령 인구가 증가하면서 노안으로 인한 누진 렌즈 등 관련된 제품의 판매도 증가하고 있다. 이처럼 안경이나 렌즈 착용 인구의 증가는 안경사의 고용에 긍정적인 영향을 미치고 있다.

시력 보호나 시력 교정을 위해서만 착용하던 안경이 최근에는 멋과 개성 등 자기 표현과 미적 감각을 위해 패션 안경이나 선글라스를 쓰는 사람들도 많아지고 있다. 그리고 레저 활동이 활발해지면서 고글이나 물안경에 도수를 넣는 사람들도 많아지고 있다. 또한 다양한 시각적인 정보의 증가로 시력 보호가 중요해지면서 시력은 우리의 삶에 큰 영향을 끼치고 있다. 따라서 눈 건강과 시력을 책임지는 안경사의 역할은 더욱 커질 것이다.

그것이 알고 싶다 안경 디자이너에 대해 알아볼까?

안경이 단순히 시력 교정을 넘어 패션 아이템이 되면서 개성을 표현하기 위해 착용하게 되면서 안경 디자인이 중요해지고 있다. 안경의 디자인은 안경 디자이너가 담당하는데, 시각 디자인, 제품디자인 등 디자인 관련 학과를 졸업하고 진출하는 경우가 많다.

안경 디자이너는 제조될 안경의 형태를 구상하고 디자인하기 위해 시장 조사, 최근 경향, 고객의 선호도, 디자인 결정, 최종 샘플 수정 및 검토 작업 등 안경 생산에 관한 전반적인 업무를 담당한다. 또한 안경 디자이너는 디자인 감각은 물론 렌즈에 적합한 경사각 등의 광학적 지식, 얼굴형에 어울리는 안경 디자인을 위한 인체 관련 지식도 필요하다.

Career Path
커리어 패스

안경사

안경사는 고객의 시력에 맞는 안경과 콘택트렌즈를 처방하고 맞춰 주어야 하므로 망막 세포와 신경 조직, 신경계, 시력 측정, 안경 조제 가공 실습, 안경 제작에 필요한 프레임 만들기와 설계 등 눈에 관계되는 다양한 분야의 지식과 자격을 갖추어야 한다. 일반 대학이나 전문 대학에 개설되어 있는 안경광학과에 진학해서 안경사로 일하기 위한 안구와 시력에 관련된 전반적인 교육을 받는다.

안경광학 관련 학과 졸업자 또는 졸업 예정자에 한해 안경사 국가고시에 응시할 수 있고, 시험에 합격하면 보건복지부 장관이 발행하는 안경사 면허증을 발급받아 안경원 개원이나 안경이나 콘텍트렌즈 관련 업체에 취업이 가능하다.

대부분의 안경사들이 자신의 안경원을 개업하여 활동하거나 안경원의 관리자 또는 도매점의 판매원으로 근무한다. 또는 종합병원이나 안과 병원에서 시력을 검사하는 검안사로 근무하거나 안경이나 콘택트렌즈 관련 회사에서 일하며 새로운 렌즈를 개발하기도 하며, 안경테 제조 업체에서도 근무할 수 있다. 그리고 대학원 과정도 국내의 몇몇 대학에 설치되어 있으므로 진학하여 석사학위나 박사학위 취득 후 대학의 교육자로 진출할 수도 있다.

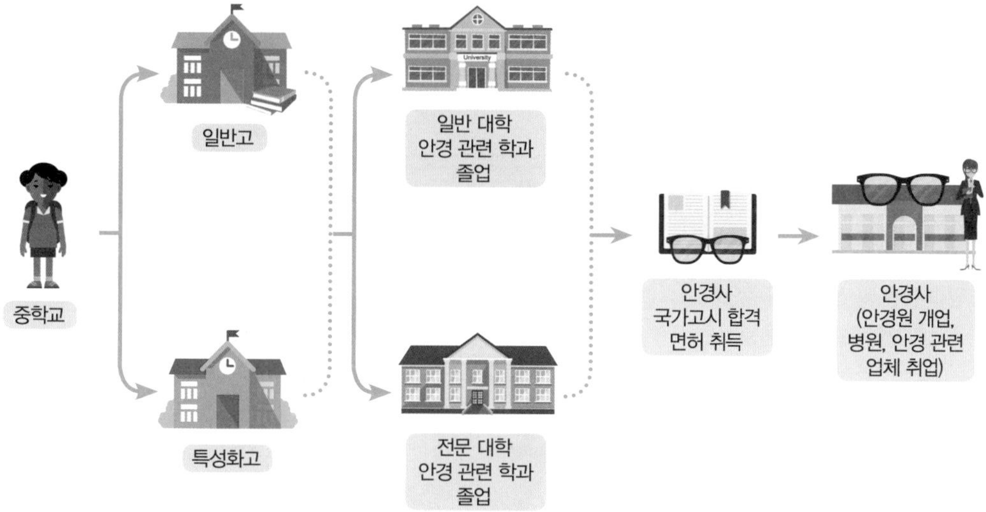

△ 안경사의 커리어 패스

대학교 관련 학과

안경광학과

학과 소개

안경광학과는 안경 렌즈와 테, 콘택트렌즈, 안광학 기기, 안기능 검사, 굴절 검사 및 처방, 조제 가공 및 상품 지식과 마케팅 등에 대해 공부한다. 이를 통해 시력 검사, 안기능 검사, 안경 교정 및 콘택트렌즈 관리를 전문적으로 수행하여 국민의 안 보건을 담당할 전문 안경사를 양성하는 학과이다.

적성 및 흥미

콘택트렌즈나 안경의 제조를 위해 섬세하고 정밀한 손동작이 필요하다. 눈과 시력에 대한 의학 지식과 안경과 콘택트렌즈를 판매하기 위한 영업 능력도 필요하다. 또한 원활한 의사소통 능력과 대인 관계 능력이 요구된다.

진출 직업

안경사, 광학기사,
안과 병원 및 안과 의원 검안사,
광학연구소 연구원 등

중·고등학교 학교생활 포트폴리오

★동아리 활동★

보건, 봉사와 관련된 동아리 활동을 통해 전공과 관련한 많은 경험을 쌓을 것을 추천한다.

★봉사 활동★

경로당, 사회 복지 기관 등에서 지속적인 봉사 활동을 권장한다.

★독서 활동★

생물, 마케팅, 의료, 건강과 관련된 분야의 폭넓은 독서 활동을 하는 것이 좋다.

★교과 공부★

국어, 영어, 수학, 사회, 과학 등의 과목에 집중하고, 적극적인 수업 태도로 관련 분야 학업 역량을 키우도록 한다.

★교외 활동★

보건 관련 기관 방문 및 안경원, 안과 관련 직업 체험 프로그램에 적극 참여할 것을 추천한다.

※인성 분야 수상과 수학, 생물 관련 교과 수상 경력, 자율 주제 탐구 대회에 참여하는 것도 도움이 된다.

자격 및 면허

안경사, SMAT(국가공인 서비스경영전문가), 간호조무사, 보건교육사, 의료서비스 코디네이터, 국제콘택트렌즈인증평(IACLE) 등

관련 학과

안경광학과, 광학공학과, 광전자물리학과, 광공학전공, 광전자디스플레이공학 전공, 레이저광정보공학 전공 등

진출 분야

★기업체★

콘택트렌즈 제조 및 유통업체, 광학기기 업체 · 안경렌즈 · 안경테 제조 및 유통업체 등

★정부 및 공공 기관★

보건직공무원 안과 병원 및 안과 의원 검안실 등

★기타★

안경원 취업 및 개원 등

07 언어 치료사

관련 학과
언어치료학과
64쪽

1. 언어 치료사의 세계

언어 치료라고 하면 주로 아동이나 자폐증, 발달 장애, 뇌성마비 등 선천적 장애를 갖고 있는 사람들이 치료 대상이라고 생각하기 쉽다. 그러나 언어 장애는 파킨슨병 등의 후유증으로도 발생할 수 있다. 언어 장애가 발생하는 이유는 말귀(말이 뜻하는 내용)를 못 알아듣는 경우에서부터 발음 기관인 입술, 이, 잇몸, 입천장, 혀 등에 장애가 있거나 청각에 이상이 있는 경우 등 원인이 매우 다양하다.

언어 장애는 원인이나 증상이 매우 다양해서 이에 대한 평가 및 진단을 실시하고 그 결과에 따라 각 환자에게 적절하게 프로그램을 구성하여 언어 치료를 실시해야 한다. 읽기, 말하기, 쓰기 등 언어 학습에 장애가 있는 어린이부터 교통사고를 당했거나 수술을 받고 문제가 생긴 성인까지 언어 장애를 보이는 사람들을 대상으로 말과 언어 능력을 평가하고 언어 치료를 하는 전문가가 바로 언어 치료사다. 언어 치료사는 가벼운 정도의 언어 문제를 가지고 있는 사람부터 장애인으로 판정될 만큼의 심각한 언어 문제를 가지고 있는 사람들까지 치료하는 일을 한다.

> 조음장애: 혀, 입술, 치아, 입천장 등 조음기관을 통하여 말소리가 만들어지는 과정에서 나타나는 결함

언어 치료란 난청, 말더듬, 지적장애, 조음장애, 정서적인 문제 등 다양한 요인으로 인해 발생하는 언어 장애를 치료하는 것으로, 각 연령에서 기대되는 언어 획득의 차이 정도에 따라 치료 시기와 방법이 다르다. 아동의 발달 상황에 따라서 치료 방법이 다른데, 놀이를 병행한 언어 치료도 함께 이루어져 사회성이 지연된 아동들이 놀이를 통해 자기 표현을 하며 언어 능력을 향상시킬 수 있다.

언어 치료사로서 활동하기 위해서는 언어 치료와 관련된 전문적 지식과 자격을 갖추어야 한다. 언어 치료 센터와 언어 치료 전공 과정이 설치된 학교도 점차 증가하여 언어 치료사가 많이 배출되고 있다. 그러나 언어 치료사를 고용할 때 경력직을 우선시하는 경향이 있어 신규 언어 치료사가 근무할 수 있는 곳은 제한적이다. 그러나 언어 치료의 영역이 확대되고 있다는 점은 긍정적 측면이라고 할 수 있다.

그것이 알고 싶다 언어 치료사는 어떤 사람들을 치료할까?

- **언어 발달 장애:** 단순히 말이 늦거나 청각 장애, 자폐, 뇌성마비 등으로 인해 언어를 이해하는 능력과 표현하는 능력이 부족한 장애를 가진 사람
- **조음 · 음운 장애(말소리 장애):** 말소리를 만들거나 발음에 어려움이 있어 의사소통을 방해하는 장애를 가진 사람
- **유창성 장애:** 말더듬과 말빠름증 증상이 나타나며, 말의 흐름에 방해를 받는 장애를 가진 사람
- **음성 장애:** 쉰 목소리, 거친 목소리 등의 증상이 나타나며, 목소리의 이상이 발생된 장애를 가진 사람
- **신경 언어 장애:** 실어증, 말 운동 장애 등이 있으며 후천적 뇌손상으로 신경계가 손상되어 발생하는 언어 장애를 가진 사람

2. 언어 치료사가 하는 일

언어 치료사는 다양한 문제로 의사소통에 어려움을 겪는 사람들을 치료하기 위해 언어 장애 환자와 환자 가족을 상담하여 언어 장애의 원인, 증상, 등급을 평가하고 진단하여 치료 계획을 수립하고 환자를 치료하는 업무를 수행한다.

환자 보호자 또는 환자와 상담하여 가족력, 임신력, 언어 발달력 등을 조사한다.

환자의 발음과 어휘력 측정을 위한 검사를 실시하여 언어 장애의 원인, 증상, 유형을 진단한다.

치료 계획을 수립하고 그림 카드, 녹음기 등 다양한 도구를 이용하여 치료한다.

언어 장애 환자와 환자 가족 및 담당 교사를 상대로 상담 또는 지도 활동을 한다.

교육 기관, 구강 외과 및 기타 의료 기관 등의 자문 역할을 한다.

언어 장애의 치료 기술 개발을 위해 전문적인 연구를 한다.

언어 치료사는 말을 하지 못했던 환자가 치료를 통해 상태가 점점 좋아지는 모습을 보면 감동을 받고 보람을 느낀다. 또한 다양한 언어 장애에 대해 전문적이고 신뢰할 수 있는 전문가로서 의사소통에 장애가 있는 사람들의 삶의 질 향상에 기여하고 있다. 그러나 환자를 오랜 기간 치료해도 나아지는 모습을 볼 수 없을 때는 치료에 대한 부담을 느끼고 스트레스를 받기도 한다. 특히 복지관이나 민간 센터에 소속되지 않은 프리랜서 언어 치료사들은 수입이 일정하지 않을 수도 있고, 언어 치료사를 해당 분야의 전문가라기보다는 봉사자로 인식하다 보니 일을 하면서 여러 가지 어려움을 겪을 수도 있다.

그것이 알고 싶다 언어 재활사 자격증에 대해 알아볼까?

언어 재활사는 언어 습득 과정이나 언어 처리 과정에 문제가 있어서 원활한 의사소통에 어려움이 있는 대상자들의 전문적인 진단과 훈련을 실시하는 중재 및 재활을 담당하는 전문가이다.

- **1급 언어 재활사:** 2급 언어 재활사 자격증을 가진 사람으로 대학원에서 언어 재활 분야의 박사 학위 또는 석사 학위를 취득하여 언어 재활 기관에 1년 이상 재직하거나, 대학에서 언어 재활 관련 학과의 학사 학위를 취득하여 언어 재활 기관에 3년 이상 재직해야 응시가 가능하다.
- **2급 언어 재활사:** 대학원 · 대학 · 전문 대학의 언어 재활 관련 교과목을 이수하고 관련 학과의 석사 학위 · 학사 학위, 전문 학사 학위를 취득해야 응시가 가능하다.

3. 언어 치료사에게 필요한 능력

언어 치료사는 언어 치료가 필요한 사람들에 대한 이해와 배려심이 있어야 한다. 언어 전달 능력과 분석적 사고 능력, 대인 관계 능력 등이 요구된다. 그리고 언어 장애가

어떤 대상에 대하여 이미 마음속에 가지고 있는 고정적인 관념이나 관점

있는 사람들을 선입관이 없이 이해하고, 다른 사람을 돕는 마음을 가지고 있어야 한다. 치료 성과가 빨리 나타나지 않더라도 인내하고 환자를 치료할 수 있는 끈기가 요구된다. 환자의 작은 성장에도 격려와 칭찬을 많이 해 주어야 한다. 치료를 받는 환자와 원활한 의사소통을 위해 대인 관계를 잘 유지할 수 있는 의사소통 능력이 필요하다. 또한 환자와 환자 보호자에게 신뢰감을 줄 수 있어야 하며 분석적 사고력과 언어 능력, 원만한 대인 관계 능력, 대상에 맞는 어휘 선별 요령 등을 익히고, 타인의 감정을 잘 헤아릴 수 있어야 한다.

4. 언어 치료사와 관련된 학과 및 자격증

- **관련 학과:** 언어치료학과, 사회복지학과, 심리학과, 아동 · 청소년복지학과, 언어학과, 작업치료학과, 재활학과, 특수교육학과 등
- **관련 자격:** 언어재활사 등

5. 언어 치료사의 직업 전망

언어 치료사는 언어 치료의 전문가로서 활동할 수 있는 분야가 다양해지면서 취업할 수 있는 곳도 점점 늘어나고 있으며, 언어 장애가 증가하고, 발달 장애를 가진 장애인들의 치료와 재활에 대한 요구도 증가하고 있다. 또한 교통사고나 질병 등 선천적 · 후천적 문제로 언어 능력을 상실한 사람들과 노령 인구의 증가로 언어 치료가 필요한 사람들도 늘어나고 있다. 그리고 다문화 가정의 아동들에게 언어 발달이 늦어지는 사

회적 문제가 나타나면서 언어 치료에 대한 관심도 높아지고 있다.

교육과 치료를 통해 언어 장애를 극복할 수 있다는 인식의 변화로 특수 학교, 사회 복지 시설 및 재활병원 등에서 근무할 언어 치료사의 고용은 계속 증가할 것이다. 또한 사회 복지와 생활 수준이 향상될수록 언어 치료에 대한 관심도 대중화되면서 언어 장애를 치료하는 언어 치료사에 대한 수요도 늘어날 것으로 전망된다. 특히 언어 치료 분야에도 의료보험 적용이 실시된다면 앞으로 종합병원을 비롯한 다양한 의료 기관에서 언어 치료사의 수요가 더욱 높아질 것이라고 전망하고 있다.

Career Path
커리어 패스

언어 치료사

언어 치료사는 검사와 관찰을 통해 언어 장애의 원인을 진단하고 언어 능력을 평가한 뒤 원활하게 의사소통을 할 수 있도록 치료를 실시해야 한다. 따라서 언어 장애, 언어 치료, 특수 교육, 의학, 심리학, 발달학, 해부학, 음운 및 음성학, 언어과학 등 다양한 분야의 지식과 자격을 갖추어야 한다.

언어 치료사가 되기 위해서는 언어치료학과, 언어청각학과, 특수교육학과 등이 개설된 대학이나 대학원에서 관련 학문을 공부하거나 대학원에서 언어병리학 등을 전공하는 것이 좋다. 대학, 대학원에서 언어 치료 전공 분야의 학위를 취득한 이후 '언어 재활사' 자격시험에 응시하여 합격하면 언어 재활사 면허가 발급된다.

언어 치료의 영역은 대상별로 성인 언어 치료와 아동 언어 치료로 구분되고, 장애 유형별로 언어 발달 장애, 중복 언어 장애, 신경 언어 장애, 유창성 장애, 음성장애 등 다양하게 세분화되기 때문에 졸업 후 분야에 맞는 다양한 진로를 모색할 수 있다.

언어 치료 전문가로서 자격과 역량을 갖추면 언어 치료실을 개원할 수도 있고, 언어 장애를 진단하고 치료하는 임상가, 의사소통 장애를 연구하는 학자, 장애인 종합 복지관, 다문화 가족 지원 센터, 각종 병원의 재활의학과 내 언어 치료실, 개인 언어 치료실, 교육청 산하 특수교육센터 등 다양한 기관에서 근무할 수 있다. 취업의 형태는 프리랜서의 비율이 높은 편이다.

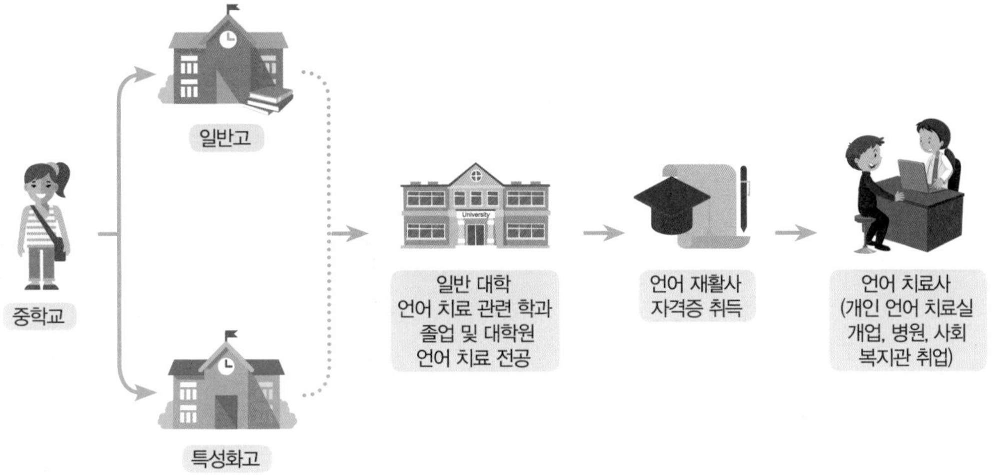

△ 언어 치료사의 커리어 패스

대학교
관련 학과

언어치료학과

학과 소개

언어치료학과는 말이나 언어와 관련된 의사소통 과정에 장애가 있는 아동 및 성인들의 특성을 이해하여 다양한 언어 치료 과정을 통해 효율적인 의사소통을 할 수 있도록 치료하는 전문 언어 치료사 및 언어 재활 전문가를 양성하는 학과이다.

적성 및 흥미

다양한 원인으로 언어 장애가 있는 사람들에 대한 남다른 애정과 관심, 배려심과 언어 능력이 있는 사람에게 적합하고, 다른 사람에게 섬세하게 반응하고 공감력이 뛰어나면 좋다.
상황에 따라 치료 기간이 길어질 수도 있으므로 인내심도 요구된다.

관련 학과

언어학과,
언어심리치료학부,
언어청각치료학과,
언어치료청각학과,
언어치료 · 청각재활학부,
특수교육학과 등

자격 및 면허

언어재활사,
언어재활교육사 등

진출 분야

★기업체★
언어 치료 진단 및 치료 교구 개발 업체 등

★정부 및 공공 기관★
장애인 종합 복지관, 일반 복지관, 노인 복지관, 종합 병원 및 개인 병원(이비인후과, 신경과, 소아정신과, 재활 의학과), 교육청 특수 교육 지원 센터, 특수 학교, 다문화 지원 센터 등

★기타★
사설 언어 치료 센터, 어린이집, 언어 치료연 구소, 대학원 진학 및 유학 등

진출 직업

장애인 종합 복지관, 종합 사회 복지관, 노인 복지관, 다문화 지원 센터, 종합 병원, 재활 병원, 요양 병원 등의 언어 치료사, 특수학교, 어린이집, 교육청 특수 교육 센터 등의 언어 치료사, 대학 및 대학원의 임상 지도 교수, 언어 치료소, 아동 발달 센터, 언어 치료소 등의 개인 클리닉 개원 등

중·고등학교 학교생활 포트폴리오

★동아리 활동★

상담, 봉사, 보건 등의 관련 동아리 활동을 통해 전공과 관련된 많은 경험을 쌓는 것이 중요하다.

★봉사 활동★

장애인 도우미 활동, 장애인 복지 시설 등에서 지속적인 봉사 활동을 하는 것이 좋다.

★독서 활동★

국어, 의료, 상담, 심리 등 전공과 관련된 폭넓은 독서 활동을 하는 것이 좋다.

★교과 공부★

국어, 수학, 영어, 사회, 과학 관련 교과 실력 향상에 힘쓰고, 적극적인 수업 태도로 관련 분야 학업 역량을 키운다.

★교외 활동★

언어 심리 센터, 언어 치료실, 재활 교육 기관 등 관련 기관 방문 및 언어 치료 관련 직업 체험 프로그램에 적극 참여한다.

※인성 분야 수상과 국어, 과학 관련 교과 수상 경력, 논술 관련 교내 대회에 참여하는 것도 도움이 된다.

08 웃음 치료사

관련 학과
레크리에이션과
72쪽

1. 웃음 치료사의 세계

인간의 체온이 올라가면 혈액 순환이 잘되며, 적극적인 생활 태도와 긍정적인 사고는 체내의 엔도르핀을 증가시켜 면역력(외부에서 들어온 병원균에 저항하는 힘)이 높아진다고 한다. 면역력이 높아지면 질병에 잘 걸리지 않거나, 걸리더라도 빨리 회복될 수 있다. 그러나 심한 스트레스를 받을수록 분비되는 호르몬은 정상적인 세포 활동을 막아 면역력은 떨어진다고 한다. 고대 그리스의 의학자이며 '의학의 아버지'라고 불리는 히포크라테스도 면역력은 최고의 의사이며 최고의 치료법이라고 했다. 이처럼 중요한 면역력을 높일 수 있는 좋은 방법 중 하나가 바로 자연 치료인데, 특히 웃음 치료는 비용, 시간, 장소에 상관없이 바로 실천할 수 있는 자연 치료다. 웃음 치료는 웃음을 통해 신체적 혹은 정신적 고통과 스트레스를 줄여 주고, 웃음을 잃은 사람들에게 웃음을 되찾아 주는 치료법이다. 이러한 웃음을 통해 사람을 치유하는 행복 전도사, 웃음 전도사, 웃음 강사로 불리는 직업이 웃음 치료사다. 웃음 치료사는 웃음을 통해 사람들이 정신과 신체를 건강한 상태로 회복하고 행복한 마음을 가질 수 있게 돕는 전문가다.

우리나라의 웃음 치료는 병원과 복지 시설의 웃음 치료 프로그램이 그 시작이었다. 주로 우울증 증세가 있거나 암에 걸린 환자를 대상으로 치료하였고, 현재는 병원, 요양원, 보건소, 복지 시설 등 다양한 곳에서 웃음 치료가 이루어지고 있다. 웃음 치료는 다른 치료에 비해 우리의 일상생활에서 부담 없이 쉽게 접할 수 있고, 기분이 좋아지게 만들며 부작용이 없는 치료 방법이기 때문에 많이 이용되고 있다.

웃음 치료는 환자에 대한 치료 과정으로만 활용되지 않고 다양한 대인 관계에서 오는 불안과 갈등을 완화시키며, 구성원 간의 편안한 관계를 형성하고 유지하는 데 도움을 준다. 웃음은 기업의 생산성 향상이나 기업 경영에도 도움이 되므로 여러 기업에서 웃음 치료사를 초청하는 사례가 늘고 있다.

그것이 알고 싶다 웃음 치료의 역사에 대해 알아볼까?

고대부터 사람들은 웃음이 건강과 관련이 있다고 믿었다. 고대의 의사 밀레투스는 "웃음의 어원은 헬레(hele)이고 그 의미는 건강(health)이다."라고 하였다. 웃음 치료는 13세기 초 일부 외과 의사들이 수술의 고통을 경감시키기 위해 사용했다.

현대의 웃음 치료는 강직성 척수염이라는 질병 때문에 굳어져 가는 뼈와 근육 때문에 고통을 받았던 미국의 노만 커즌즈로부터 시작되었다. 그는 코미디 프로그램을 보고 웃으면서 통증이 줄어드는 것을 느끼고, 적극적인 웃음 치료로 병을 치료하는 데 큰 도움을 받았다. 그러면서 본격적으로 웃음의 의학적인 효과를 연구하기 시작하였다.

2. 웃음 치료사가 하는 일

웃음 치료사는 웃음 치료가 필요한 곳에서 다양한 프로그램과 특강을 통해 스트레스 해소, 면역력 향상, 진통 감소, 사회성을 향상시켜 사람들이 행복한 삶을 살 수 있도록 웃음으로 치료하는 전문적인 일을 수행한다.

공공 기관, 보건소, 일반 기업체, 교육 관련 업체 등에서 강의, 정기 프로그램 또는 특강 등을 위해 자료를 수집하고 준비한다.

종합 병원, 호스피스 병원, 요양원, 복지관 등에서 질병으로 심신이 지친 환자들에게 활력과 긍정적 마음을 회복하는 데 도움을 주는 활동을 한다.

웃음 치료를 통해 분노, 우울 등 부정적 정서를 긍정적으로 조절하는 치료자 역할을 담당하고 사람들에게 희망과 자신감 등을 심어 준다.

평생교육원, 문화센터, 사회복지센터의 프로그램과 강의 등을 통해 일반인들의 스트레스 해소와 스트레스 관리 능력을 향상시켜 준다.

웃음으로 사람의 몸과 마음을 건강하고 즐겁게 하는 프로그램을 만들고, 웃음 치료와 관련된 임상 실험 결과나 효능 등을 연구한다.

웃음 치료사는 다양한 사람들을 만나므로 일하는 과정에서 즐거움을 느낄 수 있는 직업이다. 웃음 치료를 통해 사람들에게 웃음을 주고 같이 웃으면서 건강해지고 행복함을 느낀다. 강의 후 사람들이 즐겁고 행복해 하는 모습을 보거나 감사의 인사를 받을 때 보람을 느끼는 경우가 많다. 그러나 한 곳에서 계속 일하지 않고 여러 장소를 이동하며 강의를 해야 하므로 이동 시간까지 포함한다면 체력 소모가 큰 편이다. 자신의 역량으로 다른 사람에게 웃음을 주는 일은 보람을 크게 느끼는 일이기도 하지만, 사람들이 마음의 문을 열지 못할 때는 스트레스를 받을 수도 있다. 따라서 스트레스를 잘 관리하고 웃음 치료 대상자들이 환하게 웃을 수 있도록 마음의 문을 열기 위해 노력해야 한다.

그것이 알고 싶다 '웃음'의 효과에 대해 알아볼까?

- 혈관을 이완시켜서 혈압을 떨어뜨리고 혈액 순환을 촉진시킨다.
- 스트레스 호르몬인 코르티솔(cortisol)의 혈액 내 농도를 감소시킨다.
- 웃을 때 우리 몸의 근육 중 230여 개가 움직이므로 다이어트 효과도 있다.
- 활력이 생기고 긍정적인 생각을 갖게 해 주고 사고를 유연하게 만들어 준다.
- 암 세포를 공격하는 NK 세포(Natural Killer cell, 자연 살생 세포)가 활성화된다.
- 위와 같은 효과들로 웃음 치료는 환자의 통증 경감, 스트레스 관리, 분노, 우울 등 정서 조절 향상을 위한 치료에 활용되고 있다.

3. 웃음 치료사에게 필요한 능력

웃음 치료사는 대인 관계가 원만하고 사교적이며 리더십을 가지고 있어야 한다. 타인의 감정을 정확히 인식하고 조절할 수 있는 능력과 감정을 순화하는 능력도 요구된다. 웃음 치료의 효능에 대한 전문적 지식과 웃음에 대한 임상 실험 결과를 꾸준히 공부해야 하고, 효과적인 웃음 치료를 위해 언어 구사 능력, 창의력, 표현력, 연기력, 상황 판단을 위한 순발력도 필요하다. 그리고 기타, 장구 등 웃음과 즐거움을 줄 수 있는 악기 연주 능력과 어린이나 청소년의 웃음 치료를 위해 풍선 아트나 마술 등의 기술을 익혀 두면 도움이 된다.

4. 관련 학과 및 자격증은?

- **관련 학과:** 레크리에이션과, 연극영화과, 개그학과, 청소년지도학과, 이벤트학과, 심리학과, 유아교육학과, 특수교육학과 등
- **관련 자격:** 웃음치료사, 웃음지도사, 레크리에이션 지도자, 노인운동지도사 등

5. 웃음 치료사의 직업 전망

현대 사회가 복잡해지고 빠르게 변화하면서 많은 사람들이 일상의 스트레스로 힘들

어하면서 웃음이 필요한 사람들이 많아지고 있다. 또한 우리 사회가 초고령화 사회로 진입하고 노인 인구가 늘어나면서 웃음 치료는 고령자들에게도 인기를 끌고 있다. 특히, 건강한 삶을 유지하는 방법으로 웃음이 효과적이라는 의학적인 증명이 이뤄지면서 웃음 치료는 많은 사람들에게 관심을 받고 있다.

웃음 치료는 질병 예방, 정서 교육, 집중력 강화 등 여러 방면에 활용되고 있다. 웃음 치료가 대체 의학, 통합 의학의 분야로 인식되면서 웃음 치료를 도입하는 병원도 점점 늘고 있다. 그리고 웃음 치료는 단순히 일반인이나 질병을 앓고 있는 환자들을 대상으로만 치료하는 것이 아니라 치료의 개념을 넘어 기업이나 단체에서도 실시되고 있다. 이는 웃음을 통해서 모든 조직 구성원이 즐겁고, 따뜻한 마음과 웃는 얼굴로 고객까지 즐겁게 만들 수 있기 때문이다. 또한 감성의 극대화를 통해 업무의 극대화까지 동시에 이루어 생산성 증가와 경영 효과까지 극대화할 수 있는데, 이를 '펀(fun) 경영'이라고 한다. 뿐만 아니라 기업에서는 경영 차원에서 '펀 마케팅', '펀 서비스', '펀 리더십' 등의 다양한 프로그램을 통해 웃음 치료사가 활동할 수 있는 분야가 늘어나고 있는 추세이다.

웃음 치료사는 회사나 단체 등에 고용되는 형태보다 프리랜서 강사 등으로 활동하는 경우가 많아 고용이 안정적이지 못한 측면도 있다. 하지만 웃음 치료사는 환자 뿐만 아니라 일반 대중들도 대상으로 하는 웃음 치료 전문가로서 앞으로 성장 가능성이 높다고 할 수 있다.

Career Path
커리어 패스

웃음 치료사

웃음 치료사가 되기 위해서는 특별히 요구되는 학력, 전공, 경력, 성별, 나이 등의 제한 조건은 없다. 그러나 웃음을 활용하여 신체적 혹은 정서적 고통과 스트레스를 줄여 줘야 하므로 웃음에 대한 기본적인 임상 실험 결과나 웃음 치료의 효능과 질병, 건강에 대한 지식을 갖추어야 한다. 심리적인 측면도 다루기 때문에 심리 관련 분야를 전공하면 도움이 되며, 대중을 상대로 전문적이고 안정된 진행을 해야 하므로 전문 교육 기관에서 강의 기법을 배우면 유리하다.

웃음 치료사로 활동하기 위해서 전문 기관에서 교육 이수 후 실기 및 필기시험을 응시하고, 수습 기간 후 정식 강사로 활동할 수 있는 자격증 취득이 필수이다. 웃음 치료사 자격증은 민간 자격증이기 때문에 기관별로 다양한 자격증이 있다.

웃음 치료는 주로 요양원, 복지 시설, 기업, 의료 기관, 학교, 군부대 등에서 이루어지고 있으며, 대부분 프리랜서로 활동하는 경우가 많다. 특히 사회 복지사, 간호사, 교사, 기업 강사, 서비스 강사 등이 자신의 일에 활용하기 위해 웃음 치료사 자격증을 취득하는 경우가 많다.

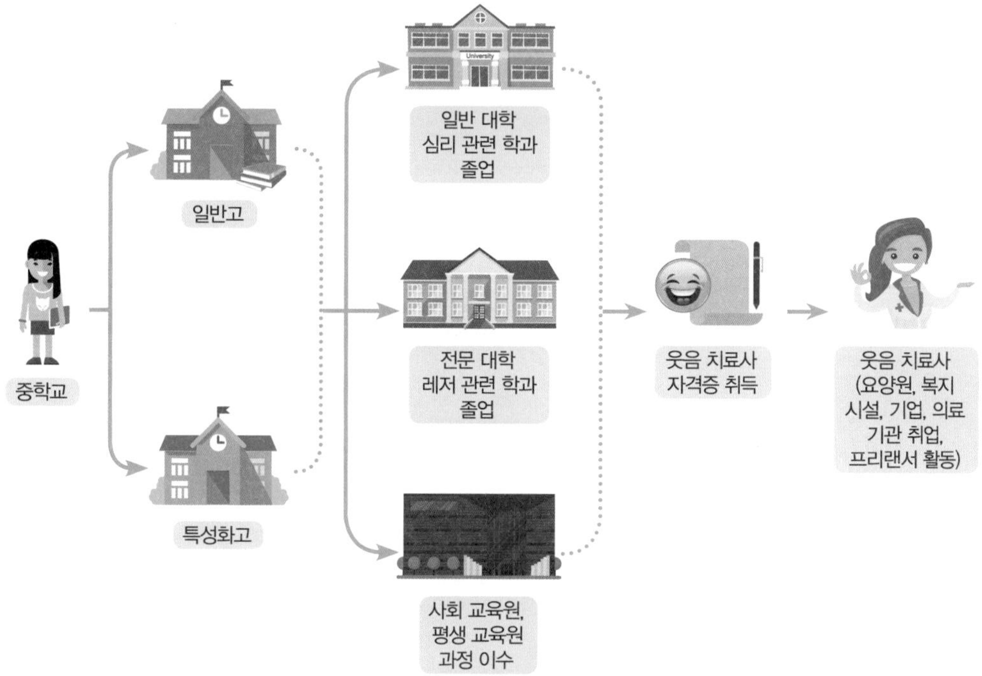

△ 웃음 치료사의 커리어 패스

대학교 관련 학과

레크리에이션과

학과 소개

레크리에이션은 여가 문화의 중요한 요소로 인간의 건강과 삶의 질을 높여 행복을 추구하는 데 매우 중요한 분야가 되고 있다.
레크리에이션과는 여가, 레크리에이션에 대한 이론적 수업을 통해 국민들의 여가 욕구를 충족시켜 주고 레크리에이션 문화를 이끌어 갈 레크리에이션 전문가를 양성하는 학과이다.

적성 및 흥미

대인 관계 능력과 리더십을 가지고 있으며 밝고 명랑한 성격이면 좋다. 매사에 긍정적인 사고를 가지고 적극적이며, 독특한 개성을 가지고 자기 표현의 욕구가 강한 사람에게 적합하다.

진출 직업

기업체 연수 담당자,
레크리에이션 지도자, 프리랜서,
캠프 지도자, 각종 모임 진행자,
문화 센터 강사 등

중·고등학교
학교생활 포트폴리오

★동아리 활동★

댄스, 개그, 연극, 방송과 관련된 동아리 활동을 통해 전공과 관련한 많은 경험을 쌓는 것이 중요하다.

★봉사 활동★

요양원, 사회 복지 시설 등에서 지속적인 봉사 활동을 하는 것이 좋다.

★독서 활동★

예술, 심리, 여가, 놀이 지도 등 전공과 관련한 폭넓은 독서 활동을 권장한다.

★교과 공부★

국어, 영어, 수학, 사회, 과학, 음악 등 전 교과 실력 향상에 힘쓰고, 적극적인 수업 태도로 관련 분야 학업 역량을 키운다.

★교외 활동★

예술 관련 기관 방문 및 예술 관련 직업 체험 프로그램에 적극 참여한다.

※국어, 음악 등 교과 관련 수상과 리더십 관련 수상 경력이 도움이 된다

자격 및 면허

전문레크리에이션지도자,
청소년지도사,
유아체육지도자,
생활체육 및 레저스포츠
관련 자격증 등

진출 분야

★기업체★
행사 기획 업체 등

★정부 및 공공 기관★
사회 복지 단체, 청소년 단체, 병원
레크리에이션 및 정신 치료 분야 등

★기타★
업체 연수 담당 등

관련 학과

여가레크리에이션학과,
레저스포츠과, 마술학과,
매직엔터테인먼트과 등

09 웨딩 플래너

관련 학과
웨딩이벤트과
80쪽

1. 웨딩 플래너의 세계

개인에게 있어 결혼이란 인생에서 손꼽히는 중대한 의식이며 새로운 출발점이라고 할 수 있다. 이렇게 특별한 과정이다보니 결혼식에 대한 준비 기간도 길고 챙겨야 할 일도 많기 때문에 결혼을 준비하는 예비 부부는 행복해야 할 결혼 준비 과정이 자칫 스트레스로 연결될 수 있다. 이럴 때 결혼 전 준비에서부터 신혼여행까지 결혼식에 관한 모든 준비를 전문적으로 대행해 주는 사람이 바로 웨딩 플래너다.

웨딩 플래너는 예비 부부를 만족시키는 결혼식이 될 수 있도록 좋은 결혼 상품과 웨딩 업체 정보를 안내하고, 다양한 기획과 연출까지 담당하는 서비스까지 결혼에 대한 모든 분야에서 전문성을 갖추어야 한다.

예전에는 부모님이나 본인들이 결혼의 모든 과정을 준비하고 진행하는 경우가 대부분이었지만 요즘은 신랑과 신부가 모두 직장에 다니는 경우가 많아 결혼식을 준비하는 시간이 부족하다. 또한 개인의 취향이 중요시되면서 본인들이 원하는 방식으로 결혼식을 진행하고, 원하는 곳으로 신혼여행을 가고 싶어하는 경향이 뚜렷하다. 따라서 결혼에 관한 전문가인 웨딩 플래너는 다양한 관련 정보를 예비 부부에게 제공해 줄 수 있어야 한다. 즉 웨딩 플래너는 예식장, 신부 드레스, 메이크업, 스튜디오 촬영, 신혼 여행지는 물론 신혼집의 가전 · 가구 구매에도 조언을 해 주는 경우도 있다. 이렇듯 전문적인 웨딩 서비스를 통해 특별한 결혼식을 치르고자 하는 사람들이 많아지면서 웨딩 플래너라는 새로운 직업이 주목받고 있다.

웨딩 플래너는 고객과의 상담 일정 외에는 일정 조정이 비교적 자유로운 편이다. 그러나 예비 부부가 직장인일 경우 고객의 시간에 맞춰 야간에 각종 웨딩 관련 업체를 방문하거나 예식이 많은 주말에 일하는 경우가 많은 직업이다.

2. 웨딩 플래너가 하는 일

웨딩 플래너는 결혼 예정자를 대상으로 결혼 전 준비에서부터 신혼여행에 이르기까지의 결혼의 모든 준비 과정을 기획하고 대행한다. 결혼식은 수많은 선택과 결정 및 기획의 연속이기 때문에 웨딩 플래너는 결혼식 전부터 예비 부부와 만나 지속적인 상담을 통해 고객이 원하는 정보를 제공한다. 고객 일정에 따라 결혼식 관련 전체 일정을 관리하면서 소요 예산을 편성한다. 고객이 만족할 수 있는 선택을 하도록 전반적인 정보를 알려 주고, 준비 사항들을 결정할 수 있도록 컨설팅을 하는 업무를 수행한다.

결혼 일정과 예산, 개인 성향 등 고객의 정보를 분석하고, 이를 바탕으로 예비 부부에게 만족을 줄 수 있도록 모든 과정을 기획하고 준비한다.

예식 장소, 웨딩 사진 촬영, 혼수, 신혼여행 등 결혼에 필요한 상품 자료들을 안내하며, 해당 업체들과 연락하고 계약 사항들을 처리한다.

결혼식장 예약, 메이크업, 음식, 웨딩드레스, 한복, 폐백, 예물, 신혼여행 등 결혼 예산에 맞춰 고객에게 결혼 비용을 제시하고 최선의 선택을 할 수 있도록 돕는다.

고객의 편의를 위해 예식장 섭외, 결혼식 이벤트, 혼수 구입뿐만 아니라 결혼 준비 과정에서 벌어지는 갈등에 대해 예비 부부의 상담자 역할도 한다.

웨딩 플래너는 결혼식 과정을 통해 예비 부부의 행복한 모습을 볼 수 있고, 인생의 새로운 출발을 돕는다는 점에서 의미 있는 일이다. 그러나 결혼식은 대개 주말에 진행되므로 다른 사람들이 일하지 않는 주말이나 공휴일에 근무하는 경우가 많아 개인적인 인간관계를 유지하는 데 어려움이 있다. 또한 결혼을 준비하는 예비 부부들이 간혹 어려운 요구를 하거나 예민하게 반응할 수 있어서 응대를 하는 과정에서 스트레스도 받을 수 있으며, 결혼에 필요한 물품을 구입하거나 진행을 위한 관련 업체의 방문 등 외근도 잦은 편이다.

그것이 알고 싶다 커플 매니저가 하는 일에 대해 알아볼까?

커플 매니저는 결혼 정보 회사에 소속되어 결혼할 상대를 찾는 사람들의 조건과 요구 사항을 파악하여 가장 이상적인 상대 회원을 찾아 만남을 주선하며, 결혼까지 성공할 수 있도록 지속적인 관리와 조언을 한다.

커플 매니저가 되기 위한 특별한 자격 요건은 없다. 웨딩 및 이벤트 관련학과에 진학하거나 사설학원에서도 커플 매니저가 되기 위한 교육을 받을 수 있다. 커플 매니저는 긍정적인 사고방식, 단정한 상담 태도, 회원의 특징을 기억할 수 있는 기억력, 상담 능력 등이 필요하며, 다양한 연령의 사람들과 대화를 나눠야 하므로 폭넓은 교양과 풍부한 상식을 갖추는 것이 좋다.

3. 웨딩 플래너에게 필요한 능력

웨딩 플래너는 컨설팅이 주된 업무이므로 친절한 마인드를 바탕으로 내용을 조리있게 설명할 수 있는 언어 능력과 서비스 정신, 그리고 예비 부부와 소통이 원만하게 이루어지도록 신뢰감을 줄 수 있는 태도가 필요하다. 또한 결혼식을 준비하는 과정에서 다양한 사람들을 상대해야 하므로 대인 관계 능력, 의사소통 능력, 설득력, 친화력 등이 필요하다.

결혼에도 최신 유행 흐름이 있기 때문에 웨딩 플래너는 최신 유행 감각과 새로운 결혼 정보 등을 잘 파악하여 신선한 감각을 유지해야 하며, 최적의 결혼 상품을 선택하는 감각과 안목을 익히고자 노력해야 한다. 그리고 결혼 예산을 짜고 효율적으로 운용하는 기획 능력과 협상 능력도 갖추어야 한다.

결혼을 앞둔 예비 부부는 예민하고 긴장한 상태이기 때문에 내 가족과 같은 입장에서 보살펴 줘야 하는 세심함도 필요하며, 결혼식은 예비 부부에게는 매우 중요한 일이므로 끊임없이 확인하고 점검하여 실수가 없도록 일을 처리해야 한다. 따라서 웨딩 플래너는 꼼꼼한 성격과 책임감이 필요한 직업이다. 또한 웨딩플래너는 정확한 정보를 전달하고 적절한 컨설팅을 제공하기 위해 결혼과 관련된 폭넓은 지식을 쌓고 관련 분야에 대해 끊임없이 연구해야 한다.

4. 웨딩 플래너와 관련된 학과 및 자격증

- **관련 학과:** 웨딩이벤트과, 웨딩산업과, 웨딩뷰티패션과, 예식산업과, 웨딩매니저학과 등
- **관련 자격:** 웨딩플래너, 파티플래너, 레크리에이션 강사 등

5. 웨딩 플래너의 직업 전망

요즘 예비 부부들은 대개 맞벌이를 하고 바쁜 직장 업무 때문에 결혼 준비에 쓸 시간이 부족하다. 특히 개인의 취향 다양화 등으로 남들과는 다른 특별한 결혼식을 원하는 사람들이 많아지면서 결혼 전 준비에서부터 신혼여행에 이르기까지의 모든 과정을 기획하고 대행해 주는 웨딩 플래너를 찾고 있다. 그리고 평균 초혼 연령이 상승하면서 웨딩 플래너에 의존하는 예비 부부들의 사례도 늘고 있으며, 상대적으로 시간적 여유가 있는 예비 부부들도 웨딩 플래너의 도움을 받으면 다양한 정보를 접할 수 있어 웨딩 플래너를 찾는 경우가 많다.

이처럼 결혼에 대한 사전 지식이 부족한 예비 부부들이나 재혼을 원하는 사람들이 결혼 전문가를 찾는 수요가 있으므로 웨딩 플래너는 도전해 볼만한 직업이다.

커리어 패스

Career Path

웨딩 플래너

웨딩 플래너가 되기 위한 학력 제한은 없지만 상담, 고객 서비스, 심리, 영업 및 마케팅 등 다양한 분야의 지식과 업무 처리 능력을 갖추어야 하므로, 전문 대학 졸업 이상의 학력을 요구하는 웨딩 업체들도 있다.

웨딩 플래너가 되기 위해서는 일반 대학에서 심리학과나 가정학과 등을 전공하거나 전문 대학, 전문 학교에서 웨딩이벤트과, 웨딩산업과, 웨딩뷰티패션과, 웨딩플래너과를 전공하면 유리하다.

관련 학과를 전공하지 않았다면 웨딩 플래너 양성 학원이나 한국웨딩플래너협회, 한국능률협회, 여성인력개발센터 등 다양한 곳에서 웨딩 플래너 직업 훈련과 교육을 통해 필요한 사항을 배워 웨딩 플래너가 될 수 있다.

웨딩 플래너가 주로 근무하는 곳은 결혼 준비 대행 회사, 웨딩 컨설팅 회사 등이며, 대부분의 웨딩 컨설팅 업체들은 직원을 뽑은 후에 자체적으로 관련 업무에 대한 교육을 실시하고 있다. 따라서 웨딩 플래너는 취업 후에 일정한 경력이 쌓이면 프리랜서로 활동하기도 한다.

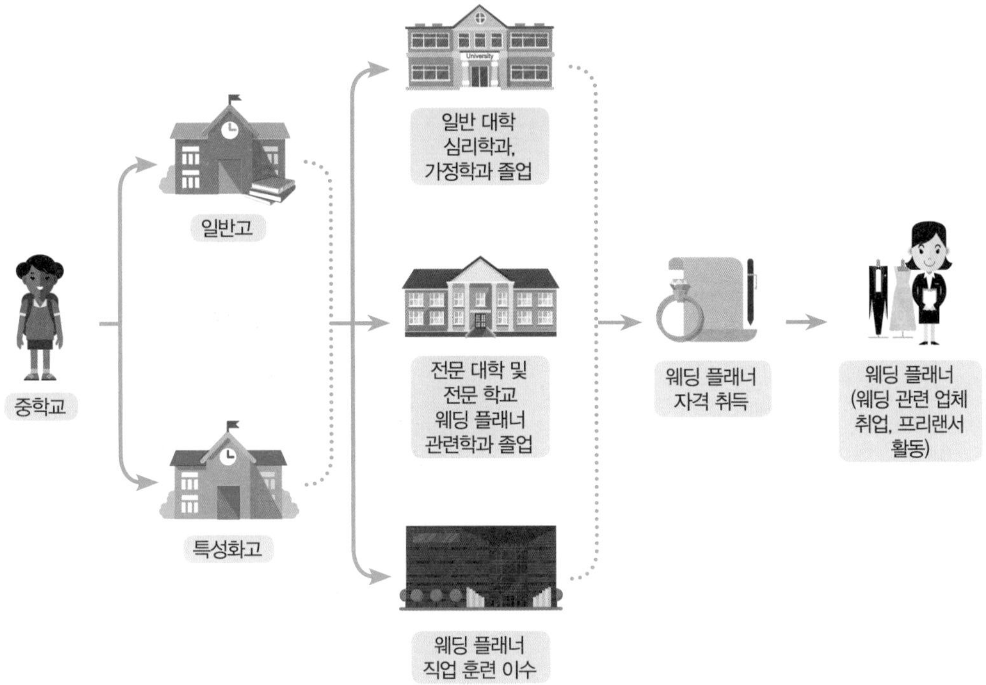

△ 웨딩 플래너의 커리어 패스

대학교 관련 학과

웨딩이벤트과

학과 소개

맞벌이 부부의 증가로 결혼 준비 문화가 변화하고, 다양한 웨딩 이벤트 상품이 급증하고 있는 상황에서 결혼을 앞둔 예비 신랑 신부의 미래 설계를 돕고, 결혼식 행사를 기획하는 전문가, 웨딩 서비스 및 파티 이벤트 전문가를 양성하는 학과이다.

적성 및 흥미

웨딩 관련 정보와 미용 · 예술에 흥미를 가지고 있으며 미적 감각과 서비스 마인드가 있어야 한다.
직업의 특성상 이벤트에 적합한 성격과 끼를 지니고, 약속을 이행할 수 있는 책임감, 친화력, 상담 능력 등을 가지고 있는 사람에게 적합하다.

진출 직업

내레이터 모델,
웨딩 플래너, 커플 매니저,
이벤트 전문가, 전문 엠시(MC),
행사 기획자, 레크리에이션
강사 등

자격 및 면허

웨딩플래너, 파티플래너,
결혼상담관리사, 건강가정사,
커플매니저, 레크리에이션,
무대예술전문인(무대기계, 조명, 음향),
컨벤션기획사 2급, 플로리스트,
이벤트기획연출가 등

진출 분야

★기업체★

웨딩 컨설팅 업체, 웨딩홀, 웨딩 스튜디오, 이벤트 업체, 혼수 관련 업체, 결혼 정보 회사, 결혼 전문 여행사, 웨딩 전문 잡지사 등

★기타★

인터넷 웨딩 컨설팅 회사 운영, 프리랜서 활동 등

관련 학과

관광문화이벤트과,
관광이벤트과, 웨딩산업과,
웨딩이벤트과, 이벤트연출과,
전시이벤트연출과,
파티디자인과 등

중·고등학교 학교생활 포트폴리오

★동아리 활동★

이벤트 기획, 또래 상담, 예술과 관련된 동아리 활동을 통해 전공과 연관 있는 많은 경험을 쌓을 것을 추천한다.

★봉사 활동★

학교나 지역 사회에서 주관하는 행사나 축제의 도우미 활동 등에 지속적으로 참여하여 봉사 활동을 하는 것이 좋다.

★독서 활동★

상담, 서비스, 심리, 마케팅 등 전공과 관련한 폭넓은 독서 활동을 통해 다양한 분야의 교양과 지식을 쌓는다.

★교과 공부★

국어, 영어, 수학, 사회, 과학 등 전 교과목 실력 향상에 힘쓰고, 적극적인 수업 태도로 관련 분야 학업 역량을 키우는 것이 좋다.

★교외 활동★

서비스업과 관련된 다양한 체험 관련 기관 방문 및 이벤트 · 웨딩플래너와 관련된 직업 체험 프로그램에 적극 참여할 것을 추천한다.

※영어, 미술, 음악 관련 교과 수상 경력과 예술 관련 경진 대회에 참여하는 것도 도움이 된다.

10 유치원 교사

관련 학과
유아교육과
88쪽

1. 유치원 교사의 세계

유치원은 5~7세의 유아들을 대상으로 하는 취학 전 교육 기관으로 '유아교육법'에 따라 설립되어 운영되며, 초등학교 입학 전 유아들이 또래 친구들과 단체 생활을 경험하는 교육 기관이다.

유치원 교사는 유아들의 신체적 · 정신적 · 사회적 발달을 증진시키기 위해 기초적인 자연과학, 사회과학, 예체능 등의 교육 내용을 유아들의 연령에 맞는 다양한 활동을 통해 가르치는 일을 한다.

최근의 유아 교육은 각자의 자질과 역량에 기초한 개별 수업 방식으로 이루어진다. 같은 수업 시간에도 아동의 관심에 따라 블록쌓기, 그리기, 소꿉놀이 등 여러 활동이 한꺼번에 이뤄진다. 이처럼 유아 교육의 방식과 수준이 이전과 크게 달라졌으므로 저출산과는 별개로 유치원 교사의 증원이 필요한 실정이다. 실제로 유치원 교사 1명이 돌봐야 하는 아동의 숫자를 경제협력개발기구(OECD)의 수준으로 낮춰야 한다는 주장도 제기되고 있다.

유아들은 항상 관심과 보호가 필요한 존재이므로 안전하게 보살펴야 하지만, 유치원 교사들의 업무는 단순히 유아들을 가르치고 보호하는 것이 전부가 아니다. 실제 교육 현장에서 일하는 유치원 교사들은 아이 돌봄과 교육뿐만 아니라 여러 가지 행정 업무까지 처리해야 한다.

유치원 교사가 유아들이 성장하고 발달하는 데 미치는 영향력은 매우 크다. 이는 유치원에서 많은 시간을 생활하는 유아들이 유치원 교사의 말이나 행동 등을 무조건적으로 몸에 익히고 배우기 때문이다. 유아들은 자신들이 보고 배운 것을 바탕으로 생각하고 행동하기 때문에 유치원 교사는 항상 올바른 태도로 유아들을 교육해야 한다. 또한 많은 시간을 유아들과 함께 생활해야 하므로 유아들에 대한 애정과 이해가 없이는 지속적으로 할 수 없는 직업이다.

2. 유치원 교사가 하는 일

유치원 교사는 유아들이 건강하게 자랄 수 있도록 인성, 사회성, 기초 학습 능력 등 다양한 영역을 가르치며 균형 있는 성장과 발달을 돕는 역할을 한다. 쓰기, 읽기, 숫자 등 학습 영역과 놀이, 단체 활동, 협동심 등을 기르는 사회성 영역, 개인의 위생과 안전 생활 영역으로 나누어 교육하는 일을 수행한다.

등원한 유아들의 건강과 기분 상태를 살피고 학부모의 전달 사항을 꼼꼼하게 체크한다.

유아들에게 인사법과 바른 언어 사용하기 등 올바른 생활 습관과 화장실 사용, 올바른 식습관, 개인 위생 등 건강하고 안전한 생활 습관을 가지도록 지도한다.

유아들의 기초 학습, 체력 발달, 정서 발달을 위해 표현 · 언어 · 탐구 · 사회 등의 다양한 교육을 실시하며, 발표, 관찰, 견학 등 수업들을 계획하고 지도한다.

교실 정리 후 창의적인 교재와 교구를 만들고 가정 통신문 발송, 교무 일지 기록 등 행정 업무 처리와 학습 상태와 성장 문제에 대해 학부모와 상담도 진행한다.

공연 관람, 운동회, 체험 학습 등 즐거운 경험을 많이 할 수 있도록 다양한 행사를 계획하고 준비한다. 특히 안전사고에 주의하면서 행사를 진행한다.

유아들의 눈높이에 맞게 놀이 형식으로 수업을 진행해야 하므로 놀이와 학습을 조화시키는 수업에 대한 연구를 수행한다.

유아들에게는 늘 안전사고가 일어날 수 있기 때문에 주의 깊게 살펴봐야 하고, 특히 외부에서 체험 활동을 할 때는 더 많은 신경을 써야 하기 때문에 육체적으로 힘이 들 때가 있다. 그리고 쉬는 시간, 급식 시간에도 항상 여러 명의 아이들을 세심하게 관찰하고 돌봐야 하는 등 스트레스 수준이 높아 유아에 대한 이해와 애정이 없다면 하기 힘든 일이다. 하지만 유치원 교사는 교육을 통해 아이들이 성장하는 모습에 보람과 자부심을 느낄 수 있는 소중한 직업이기도 하다.

그것이 알고 싶다 보육 교사와 유치원 교사의 차이에 대해 알아볼까?

보육 교사는 보육 시설이나 아동 복지 시설에서 아동을 보살피고 교육하는 사람으로, 영 · 유아의 보육 계획 수립, 건강 관리, 학부모 상담, 보육 시설의 관리 및 운영 등의 업무를 수행한다. 유치원 교사는 유치원에서 일하고, 보육 교사는 어린이집에서 일하며, 유치원 교사는 유치원 정교사 2급 자격증, 보육 교사는 보육 교사 자격증을 취득해야 한다.

유치원 교사는 대학에서 유아 교육 관련 학문을 전공하고, 보육 교사는 보육학을 전공하거나 관련 교육 시설에서 보육 교사 과정을 마쳐야 한다.

3. 유치원 교사에게 필요한 능력

유치원 교사는 유아의 마음과 감정을 함께 느끼고 헤아릴 수 있는 공감 능력이 반드시 필요하고, 유아에게 미치는 영향이 매우 크기 때문에 교육자로서의 책임감과 사명감이 있어야 한다. 또한 유아들을 안전하게 보호하고 지도하기 위해서 유아의 성장과 변화를 살필 수 있는 관찰력, 집중력이 짧은 유아들을 지도할 수 있는 통솔력, 위급 상황을 바르게 보는 판단력과 어떤 상황에서도 빠르게 대처할 수 있는 순발력 등이 필요하다.

유아들을 교육하기 위해서는 정확하고 올바른 언어를 사용해야 하며 유아들의 개인별 특성을 잘 파악하기 위해서는 섬세하고 꼼꼼한 성격이 유리하며, 유아들을 우선으로 생각할 수 있는 배려심이 있어야 한다. 또한 유아들은 돌보면서 동시에 가르치는 일을 수행해야 하기 때문에 인내심, 자기 통제 능력, 대인 관계 능력, 리더십도 유치원 교사에게 필요한 능력이다.

4. 유치원 교사와 관련된 학과 및 자격증

- **관련 학과:** 유아교육과, 아동학과, 아동보육과, 보육학과, 영유아보육과, 유아보육과, 아동복지학과, 아동미술보육과 등
- **관련 자격:** 유치원정교사, 보육교사, 동화구연지도사, 아동미술심리치료사 등

5 유치원 교사의 직업 전망

여성의 경제 활동 참여가 많아지고 맞벌이 부부가 증가하면서 유아들의 보육은 사회

적으로 중요한 관심거리이다. 또한 조기 교육이 중요해지고 유아 교육의 방식이 이전과 달라지면서 전문적인 능력을 갖춘 유치원 교사의 수요가 늘고 있다.

우리나라가 저출산 사회로 접어들면서 유치원 교사를 증원하기 어렵다는 주장도 있지만, 현실적으로 경제협력개발기구(OECD) 수준으로 교사 대 아동의 비율 조정이 필요한 실정이다. 즉 유치원 교사 선발 인원은 단순히 출산율이 아닌 교사 대 유아의 비율을 현실화하는 방향에서 정해져야 한다는 주장이다.

현재 우리나라의 유치원 교사 대 아동 비율은 1대 26(만 5세 기준)으로 경제협력개발기구 국가의 유치원 교사 대 아동 비율인 1대 13의 두 배 수준이다. 이런 이유로 아동의 위생과 안전사고뿐만 아니라 개별화 교육을 추구하는 유아 교육을 실현하기 위해 유치원 교사 증원의 필요성이 제기되고 있다. 그리고 국가 차원에서 유치원 무상 교육, 보육비 지원 등 유아 교육을 위한 국가 정책을 확대하는 정책을 실시하고 있으므로 유아 교육 관련 직종은 점차 수요가 많아질 것으로 예상된다.

그것이 알고 싶다 국·공립 유치원 교사가 되는 방법을 알아볼까?

사립 유치원은 원장의 재량에 따라 유치원 교사를 채용하지만, 국 · 공립 유치원은 임용고시를 통해 유치원 교사를 선발한다. 유치원 정교사 2급 자격증과 한국사 능력 검정 3급 이상을 취득한 사람에 한해 임용고시에 응시할 수 있다. 1차 시험은 교육 과정과 교직에 관한 논술, 2차 시험은 교직 적성 심층 면접, 교수 학습 과정안 작성, 수업 실연을 통해 합격자를 선발한다.

커리어 패스

유치원 교사

유치원 교사는 유아들의 보호와 기초 교육을 담당하고 기본적인 학습 외에도 유아들이 단체 생활을 통해 원만하게 인간관계를 맺고, 성장할 수 있도록 지도해야 하므로 교육, 상담, 예술 등 다양한 분야의 지식과 자격을 갖추어야 한다.

유치원 교사가 되기 위해서는 일반 대학이나 전문 대학에서 유아 교육학을 전공하고 유치원 정교사 2급 자격증을 취득하면 국 · 공립 및 사립 유치원이나 어린이집에서 근무할 수 있다. 또한 유아교육과가 아닌 아동학, 아동복지학과 등 관련 학과에서도 일정 기준 이상의 상위권 성적이 되면 교직 이수를 통해 유치원 정교사 자격증을 받는 경우도 있으므로, 유치원 교사가 되고 싶다면 교직 이수를 할 수 있는 학과를 자세히 알아보고 진학해야 한다. 그리고 유치원 교육 과정이 개설되어 있는 교육 대학원에서 석사 학위를 취득하면 유치원 정교사 2급 자격증을 받을 수 있다.

국 · 공립 유치원에 근무하기 위해서는 유치원 2급 정교사 자격증을 소지하고 각 시 · 도에서 실시하는 임용고시에 합격해야 한다. 임용고시를 보지 않아도 유치원 정교사 2급 자격증이 있으면 사립 유치원, 어린이집에서 근무할 수 있다.

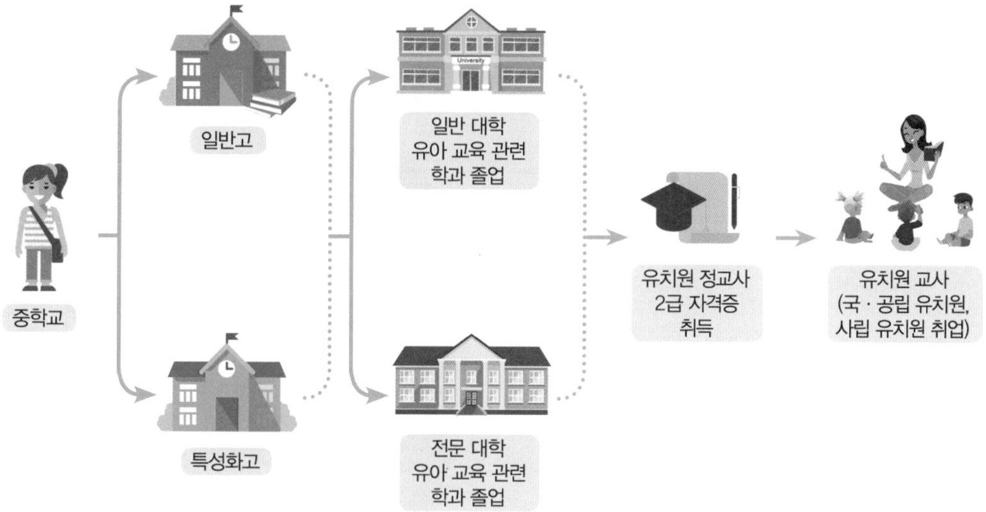

유치원 교사의 커리어 패스

대학교 관련 학과

유아교육과

학과 소개

유아교육과는 유아들의 성장과 발달 단계에 미치는 효과적인 교육 방법을 연구하여 유아 교육에 대한 전반적인 지식과 교양을 겸비한 유능한 유아 교사를 양성하는 학과이다.
유아 교육에 대한 체계적이고 전문적인 이론 탐구와 교육 및 보육 현장의 실습을 통해 인성과 전문성을 가진 유치원 교사 양성을 교육 목표로 한다.

적성 및 흥미

유아들의 개인별 특성을 아는 것이 중요하므로 섬세한 성격을 가지고 있으면 좋고, 인내력과 포용력이 있어야 한다.
유아들의 눈높이에 맞는 수업을 진행하기 위해 창의적인 사고를 지니고, 언어 능력, 사명감, 통솔력, 배려심, 사회성 등이 필요하다.

진출 직업

유치원 교사, 유치원 원장 및 원감, 어린이집 교사, 어린이집 원장, 유아 교육 · 보육 관련 연구원, 사회 복지 기관 교사, 각종 학원 실기 지도 교사, 유아용 앱 개발자 등

중·고등학교
학교생활 포트폴리오

자격 및 면허

유치원정교사,
보육교사, 동화구연지도사,
유아체육지도사, 아동미술심리치료사,
상담심리사, 놀이치료사, 예절지도사,
아동지도사, 유아체육지도자 등

진출 분야

★기업체★

유아용 관련 출판사, 유아 교육 프로그램 교구 제작사, 유아용 소프트웨어 제작사, 유아 교육 관련 업체, 장난감 회사, 캐릭터 회사, 아동복 회사 등과 같은 유아 관련 업체 등

★정부 및 공공 기관★

국 · 공립 유치원, 아동 복지관 등

★기타★

유치원 · 아동용 프로그램 제작 방송국 등

관련 학과

유아교육과,
보육과, 유아보육과,
영유아보육과, 아동학과,
아동보육과, 아동복지학과,
아동미술보육과 등

★동아리 활동★

종이접기, 인형극, 그림책, 공연, 음악 · 예술 동아리 활동을 통해 전공과 관련한 많은 경험을 쌓을 것을 추천한다.

★봉사 활동★

어린이집이나 지역 아동 센터, 사회복지 단체 등에서 지속적인 봉사 활동을 하는 것이 좋다.

★독서 활동★

교육학, 유아 교육, 인문, 문학 등 전공과 관련한 폭넓은 독서 활동을 권장한다.

★교과 공부★

국어, 수학, 과학, 사회, 영어, 제2외국어, 예체능 등 다양한 교과 관련 분야의 학업 역량을 키우는 것이 좋다.

★교외 활동★

유치원, 어린이집 방문하기, 유아 교육 박람회 현장 체험 및 유아 교육 관련 직업 체험 프로그램에 적극 참여한다.

※인성 분야 수상과 국어, 사회 관련 교과 수상 경력, 예술 관련 경진 대회에 참여하는 것도 도움이 된다.

11 음악 치료사

관련 학과
음악학과
96쪽

1. 음악 치료사의 세계

음악은 약물을 복용하거나 특정 욕구를 느낄 때 반응하는 뇌 부위와 같은 영역을 자극해 심신에 영향을 미치고, 음악을 들을 때 뇌에서 발생하는 알파 파장은 심신의 안정과 스트레스 해소를 돕는다고 한다. 또한 사람의 기분을 좋게 하는 호르몬 엔도르핀과 스트레스를 주는 호르몬 코르티솔 분비를 조절해 감정의 균형 유지에도 효과적이라고 한다. 이러한 음악적 효과 때문에 우리나라의 대학병원이나 종합병원 등 많은 병원에서 환자를 위한 음악회를 정기적으로 개최하고 있다.

음악을 이용하여 신체적 · 정신적 고통을 겪는 사람들의 몸과 마음의 이상 상태를 원래대로 회복시키거나 향상시켜 환자가 자신감을 가지고 행복하게 살아갈 수 있도록 도와주는 음악 활동을 음악 치료라고 하고, 이러한 활동을 수행하는 사람을 음악 치료사라고 한다.

음악 치료는 학습 장애가 있거나 사고로 다친 사람들 혹은 우울증, 강박증, 치매, 뇌졸중, 암환자, 요양 병동 환자, 신경정신과 환자 등에게 주로 시행되고, 일반인도 스트레스 해소를 목적으로 치료를 받기도 한다. 음악 치료에는 여러 가지 악기와 음악들이 사용되며, 환자들은 음악 감상, 악기 연주, 노래하기, 작사 및 작곡하기, 음악에 맞춰 신체 활동하기 등을 통해 유대감, 언어적 · 비언어적 의사소통, 인지 능력, 신체 · 감각 능력 등을 배우면서 스트레스를 해소하고 정서적인 안정을 찾게 된다. 또한 음악 치료는 자폐증 개선 치료, 장애인의 언어 발달 촉진, 인지 기능 향상, 신체 · 감각 재활, 정서적 성장, 사회성, 자기표현과 정서적 의사소통 능력 향상 등을 도와주기도 한다.

음악 치료사는 단순히 음악을 틀어주거나 연주를 통해 환자의 기분을 전환시켜 주는 사람이 아니다. 음악이 가지고 있는 영향력을 신뢰하고 기본적으로 사람에 대한 관심과 열정을 가지고 끊임없이 성장하고자 노력해야 하며, 봉사 의식이 높아야 한다. 또한 풍부한 음악적 감수성과 창의력이 필요하며 음악적 소양을 기르기 위해 평소 연주회, 영화, 연극, 뮤지컬 등 다양한 문화 예술에 관심을 갖는 것이 좋다. 복잡한 사회를 살아가는 현대인들의 정신 건강에 대한 관심이 증가함에 따라 음악 치료를 전문적으로 수행할 수 있는 음악 치료사에 대한 관심도 증가하고 있다.

그것이 알고 싶다 **음악 치료의 기원에 대해 알아볼까?**

음악 치료는 제2차 세계 대전 이후 전쟁으로 심신에 상처를 입은 군인들을 치료하는 데 사용되면서 미국과 유럽에서 전문 분야로 자리 잡기 시작했다. 당시 음악가들은 전쟁의 후유증을 앓는 사람들을 위해 위문 공연을 열었는데, 음악이 환자의 심신을 안정시켜 주는 것을 발견한 의사들이 정신 의학 차원에서 연구를 시작한 것이 음악 치료사의 기원이다. 우리나라에서는 1990년대 중반에 치료의 한 분야로 자리잡았다.

2. 음악 치료사가 하는 일

음악 치료사는 상담을 통해 환자의 상태를 진단하고, 그 결과를 본인 및 보호자에게 전달하고, 환자의 특성에 맞춘 다양한 음악적 치료 방법을 고민하고 제시한다. 음악을 치료 과정에 활용하고 신체적 · 정신적 건강의 향상과 회복을 돕는 일을 전문적으로 수행한다.

음악 치료사

- 환자와 면담을 가진 후, 진단 평가를 통해 환자의 주된 문제를 파악하고 음악 치료 계획을 수립한다.
- 환자의 치료 과정을 영상이나 다양한 파일 형태로 기록하고 추가적인 치료 방안을 모색하며 치료를 진행한다.
- 환자와 함께 악기를 연주하거나 작곡을 하면서 환자의 심리와 정서를 음악적 표현으로 이끌어 내고 환자의 상태를 진단 · 평가한다.
- 연주를 통해 나타나는 환자의 상태를 진단하고 종합적인 평가 결과를 정리하여 보호자에게 전달한다.
- 환자의 개별적 특성에 적합한 즉흥 연주, 작곡, 노래 만들기, 감상, 지휘 등 다양한 기법을 활용한 치료 방법을 안내하고 치료 방향을 제시한다.
- 전문적인 음악 치료를 위해 다양한 연구 결과를 임상 현장에 적용하고, 음악 치료에 대한 다양한 연구를 진행한다.

음악 치료사는 환자들이 치료 이후 노래와 즉흥 연주를 하고, 의사소통 능력이 향상되는 긍정적인 변화의 모습을 볼 때 기쁨과 보람을 느낀다. 또한 음악 활동을 하면서 몸과 마음이 아픈 사람들에게 도움을 주는 일이기 때문에 직업 만족도가 높다. 그러나 음악 치료 과정에 들이는 노력과 시간에 비해서 대우가 만족스럽지 못할 수도 있다. 또한 정서적으로 불안정한 환자들을 늘 대면해야 하고 치료 기간이 오래 걸리기도 하기 때문에 정신적 · 육체적으로 어려움이 있을 수 있다.

그것이 알고 싶다 음악 치료사 자격증 기준에 대해 알아볼까?

내용 \ 자격	2급	1급
신청 자격	• 전문 대학 졸업 이상 • 음악 치료 2급 과정 수료자 • 타 기관 120시간 이상 수료자	• 음악 치료 석사 수료 이상 • 음악 치료 1급 과정 수료자
이수 시간	150시간	150시간
임상 시간	60시간(참관 인정)	120시간
슈퍼비전*	2회 이상	5회 이상
논문	임상 사례 보고서 제출	임상 사례 보고서 또는 논문 제출

※슈퍼비전(supervision): 교육 활동 전반에 걸쳐 교육 목표를 효과적으로 달성하기 위하여 이루어지는 전문적 · 기술적 봉사 활동을 말한다.

3. 음악 치료사에게 필요한 능력

음악 치료사는 인간의 신체와 심리에 대한 이해를 바탕으로 음악을 창의적이고 전문

적으로 활용할 수 있어야 하므로, 음악 치료, 심리 치료, 의료 보건 등 관련 전문적 지식을 쌓고 기본적으로 여러 가지 악기를 자유롭게 연주할 수 있는 능력이 요구된다. 또한 자신과 타인의 정서를 곡으로 표현하고 타인의 감정을 정확히 인식하고 조절할 수 있는 능력을 갖추어야 하며, 장애를 가지고 있는 환자들에 대한 거부감과 편견이 없어야 한다.

음악 치료사는 누구와도 편하게 의사소통을 할 수 있고, 타인을 이해하고 돕고자 하는 마음이 바탕이 되어야 하며 적극적인 대인 관계 능력도 요구된다. 정신적으로 불안정한 환자를 많이 대하므로 환자의 상태를 끊임없이 관리할 수 있는 능력과 환자를 리드하는 능력이 필요하다.

음악 치료의 효과는 단시간에 나타나지 않을 수 있기 때문에 끈기를 가지고 계속해서 치료를 해야 하므로 인내심과 책임감도 필요하다.

4. 음악 치료사와 관련된 학과 및 자격증

- **관련 학과:** 음악학과, 음악교육과, 음악치료학과, 심리학과, 예술치료학과, 상담학과, 사회복지학과, 아동 · 청소년복지학과, 재활학과, 실용음악학과, 교육학과, 특수교육학과 등
- **관련 자격:** 음악치료사, 음악심리상담사 등

5. 음악 치료사의 직업 전망

의학 기술이 지속적으로 발달하면서 질병으로 인한 사망률은 감소되고 있지만 교통사고나 화재, 자연재해로 인한 신체적 · 정신적인 스트레스와 장애는 증가하고 있다. 이에 따라 심리 치료의 중요성도 커지면서 음악을 통해 정신적 · 신체적 이상 증세를 치료하는 음악 치료가 치료 방법 중의 하나로 사회적 관심을 받고 있다.

음악 치료는 사람들이 쉽게 접근할 수 있고, 아동을 대상으로 하는 치료뿐만 아니라 고령화 사회가 되면서 노인을 대상으로 활동 영역이 확장되면서 일자리 증가에 긍정적인 영향을 미치고 있다. 최근 과학 기술의 발달로 인공 지능이나 로봇이 대체할 직업이 소개되고 있어 사람들은 막연한 불안감을 가지고 있다. 하지만 음악 치료사는 인간에 대한 심층적인 이해와 환자 개개인의 성향에 맞춘 섬세한 음악적 치료가 필요한 일이므로 대체가 쉽지 않고, 수요가 계속 있을 것으로 예상되는 미래의 유망 직업이라고 할 수 있다.

Career Path 커리어 패스

음악 치료사

음악 치료사는 다양한 음악 활동을 활용하여 심리 치료와 재활 활동을 진행하므로 음악 치료 및 사례 해석, 음악 치료 연구, 심리 치료 및 상담 기법뿐만 아니라 다양한 분야의 인문학, 사회학적 이해도 필요하다.

음악 치료학 전공 과정은 대학보다는 주로 대학원에 설치되어 있는 경우가 많으므로 학부에서 음악학과, 실용음악과, 심리학과, 상담학과, 사회복지학과, 교육학과, 특수교육과 등 관련 학문을 전공하고, 대학원 과정에 진학하여 음악 치료사가 되는 경우가 일반적이다. 이밖에도 대학의 사회교육원이나 평생교육원 등에서도 음악 치료 과정을 개설되어 있고, 음악 치료 분야가 발달한 미국, 독일, 영국 등 외국으로 유학을 가는 방법도 생각해 볼 수 있다. 음악 치료사 자격은 음악치료학위 전공자로 구성된 전문가 협회에서 자격시험을 통해 취득할 수 있다.

음악 치료사는 아동심리치료센터, 장애인복지관, 사회교육원, 지역아동센터, 특수학교, 정신병원, 호스피스, 재활병원, 노인 요양원, 사설 음악 치료실 등에서 활동할 수 있다.

호스피스: 죽음을 앞둔 환자가 평안한 임종을 맞이할 수 있도록 하는 특수 병원, 또는 그런 일을 하는 사람

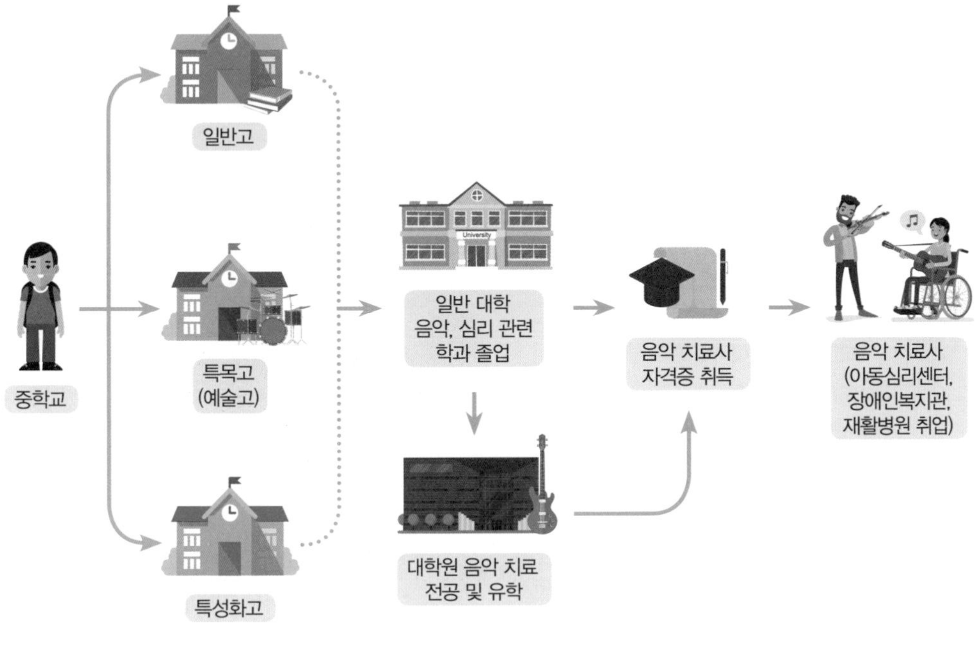

△ 음악 치료사의 커리어 패스

대학교 관련 학과

음악학과

학과 소개

음악학과는 예술 전반에 대한 교육과 훈련으로 다양한 음악적 기교를 익혀 심미적 안목을 갖추고, 음악 전반에 대한 다양한 이론, 실기, 실무 경험을 체계적으로 공부한다. 연주가, 제작자, 음악 교육자 등 음악의 전 분야에 대한 깊은 이해력과 전문성을 겸비한 음악인을 양성하는 학과이다.

적성 및 흥미

음악과 관련된 분야에 많은 관심을 가지고 있고 다양한 음악적 재능과 장시간의 꾸준한 연습을 이겨 낼 수 있는 인내력과 협동심, 성실함이 필요하다.
음악적 감수성과 창의력을 위해 다양한 문화 · 예술 분야에 관심을 가지는 것이 좋다.

관련 학과

음악교육과, 실용음악과, 관현악과, 기악과, 피아노과, 국악과, 성악과, 작곡과, 공연음악학과, 교회음악학과, 지휘과, 뮤지컬음악학과, 뮤지컬실용음악학과 등

자격 및 면허

중등 2급 정교사,
피아노조율산업기사,
문화예술교육사, 무대예술전문인,
피아노실기지도사, 음악심리지도사,
음악치료사,
음악재활지도사 등

진출 분야

★기업체★
음반 제작 회사, 출판사, 무대 음악, 방송 음악, CM 음악, 공연 기획 등의 관련 분야 등

★기타★
합창단, 오페라단, 연주 단체, 문화 센터 및 음악 학원 지도 분야, 방송사, 중 · 고등학교, 해외 유학 및 대학원 진학 등

진출 직업

음악 치료사, 작곡가, 편곡가, 합창단원, 오스케스트라단원, 음반 기획자, 특수효과음 제작자, 게임음향 기술자, 행사 음악 기획자, 음악방송 PD, 음악 평론가, 음악전문 기자, 연주가, 음악 교사, 뮤지컬 배우, 성악가, 국악인, 지휘자 등

중·고등학교 학교생활 포트폴리오

★동아리 활동★

오케스트라, 합창단, 밴드 등과 관련된 동아리 활동을 통해 전공과 관련된 많은 경험을 쌓을 것을 추천한다.

★봉사 활동★

사회 복지 기관, 요양원에서 음악 관련 재능 기부와 같은 봉사활동을 지속적으로 하는 것이 좋다.

★독서 활동★

음악 치료, 음악사, 심리학, 인문학, 철학 등 다양한 분야의 도서를 읽는 것이 좋다.

★교과 공부★

음악, 언어, 외국어, 사회 등 교과 실력 향상에 힘쓰고, 적극적인 수업 태도로 학업 역량을 발휘하도록 한다.

★교외 활동★

음악 공연 관련 기관 방문 및 예술 관련 직업 체험 프로그램에 적극 참여한다.

※음악, 외국어 관련 교과 수상 경력이나 각종 음악 관련 경진 대회 경력도 도움이 된다.

12 응급 구조사

관련 학과
응급구조학과
104쪽

1. 응급 구조사의 세계

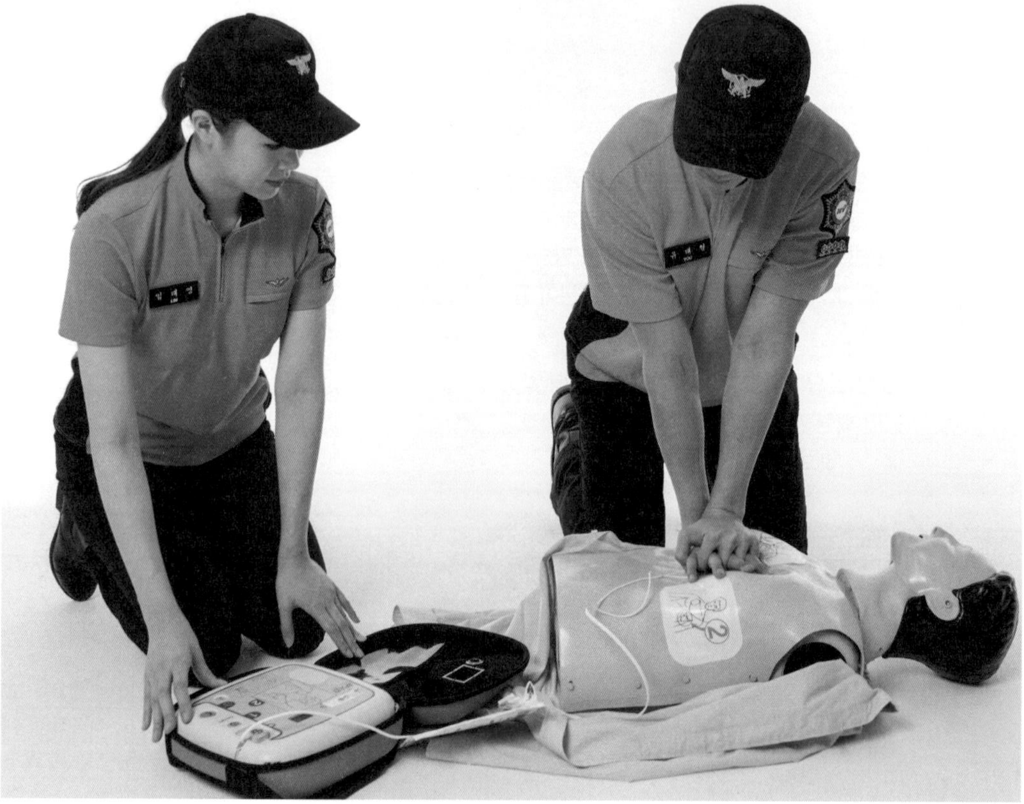

우리는 살아가면서 갑작스럽게 교통사고를 당할 수 있고, 건강하던 사람에게 갑자기 심장마비가 올 수도 있다. 이러한 위급한 상황이 발생했을 때 사람들은 긴급히 119로 연락해 응급 구조사에게 도움을 요청한다.

응급 구조사는 교통사고나 재해 현장 등에 구급차를 타고 가장 먼저 출동하여 적절한 응급 처치를 하고 환자를 병원으로 신속하게 이송한다. 이 과정에서 환자의 상태에 따라 이송 중인 구급차 안에서 응급 처치를 하기도 하며, 환자의 상태를 정확히 파악하여 담당 의사에게 전달하고 지시를 받아 조치하여 귀중한 환자의 생명을 구하는 일을 한다. 이때 응급 구조사가 환자에게 취한 응급 처치는 반드시 의사에게 전달되어야 한다.

응급 구조사는 자격증 취득 등급에 따라 할 수 있는 일이 법적으로 제한되어 있다. 평소에는 차량과 구조 장비의 안전 점검을 실시하고, 의료용품 점검 및 교체, 통신 장비 점검 같은 관리 업무를 실시한다.

의사만 사람의 생명을 살리는 것은 아니다. 위급한 상황에 대처하기 위해 누구보다 가장 먼저 달려가는 응급 구조사들도 생명을 구하는 매우 중요한 역할을 한다. 응급실 의사, 응급실 간호사와 더불어 응급 구조사는 응급 의료 종사자로서 병원 응급실뿐 아니라 의사가 없거나 의사와 연락이 어려운 병원 밖 상황에서도 응급처치를 할 수 있는 유일한 전문직이다.

위급 상황에서 환자에 대한 신속하고 적절한 응급 조치는 생명을 구하고, 상처나 질병이 악화되는 것을 방지하는 매우 중요한 일이다. 그러므로 이런 업무를 담당하는 응급 구조사는 사람들이 위기의 순간에 처해 있을 때 존재의 의미를 드러내는 직업이라고 할 수 있다.

2. 응급 구조사가 하는 일

응급 구조사는 응급 환자가 발생한 현장으로 출동하여 구조 업무를 실시하며, 이송 중이라도 필요한 경우 산소 호흡기를 달고 맥박과 호흡을 체크하고 심폐 소생술 등의 응급 처치를 한다.

병원에 도착한 뒤에는 환자의 상태와 사건 · 사고의 개요, 응급 처치 사항을 담당 의사에게 전달하는 업무를 수행한다.

응급 환자가 발생한 현장에 출동하여 구조 업무를 수행하고, 환자를 의료 기관으로 신속히 이송한다.

사고 현장에서 환자의 상태를 파악하여 의사의 지시에 따라 응급 처치를 시행한다.

응급 상황 대처를 위해 평소 응급 장비와 응급 구조차 상태를 점검하고, 무선 장비도 통화가 가능한 상태인지 꼼꼼히 살피는 등 철저한 준비를 한다.

환자를 병원에 이송하고 난 후 다음 출동을 위해 응급 구조 물품을 보충하고, 의료 장비의 작동 상태를 재점검하고 응급 구조차를 점검한다.

병원에 도착하면 환자의 상태와 출동 관련 사항, 현장에서 어떤 응급 처치를 했는지 등을 상세히 기록하여 담당 의사에게 전달한다.

응급 구조사는 응급 구조학을 전공하고 면허를 취득하면 119 구급대원 특채와 해양 경찰, 보건직 공무원 등 각종 보건 의료 부문의 공직 진출에 유리하다. 대학 병원 응급 의료 센터에도 취업이 가능하고, 대학원 진학을 통해 보건 계열의 학자로 진출할 수도 있다. 그러나 항상 응급 환자를 대하는 직업이므로 긴장 속에서 늘 위급 상황에 대비해야 하는 어려움이 있으며, 각종 질병에 노출되기 때문에 개인의 위생과 안전에 항상 신경 써야 한다. 또한 신고를 받고 출동하는 횟수가 많고 참혹한 사고 현장을 접하기 때문에 육체적 · 정신적으로도 어려운 측면이 있다.

그것이 알고 싶다 **심폐 소생술에 대해 알아볼까?**

심장마비가 일어나면 심장박동과 호흡이 멈춰서 혈액 공급이 중단되고 이러한 상태가 계속되면 사망하거나 심각한 뇌손상이 발생하게 된다. 심폐 소생술은 심장마비가 발생했을 때 인공적으로 호흡과 혈액 순환을 유지해 줌으로써 사람의 생명을 구하는 방법으로 심장이 마비된 상태에서도 혈액을 순환시켜, 뇌의 손상을 지연시키고 심장의 기능을 회복하는 데 결정적인 도움을 준다.

3. 응급 구조사에게 필요한 능력

응급 구조사는 언제 발생할지 모르는 긴급한 사건 · 사고 현장 상황에서도 침착하게

대처할 수 있는 순간적인 상황 판단력과 순발력이 있어야 하며, 문제를 해결하는 능력과 위기 대응 능력을 가지고 있어야 한다. 또한 외부 환경에 따라 신체를 조절하고 적응시키는 능력과 다양한 신체 움직임에 대해 지식이 있는 사람에게 적합하다.

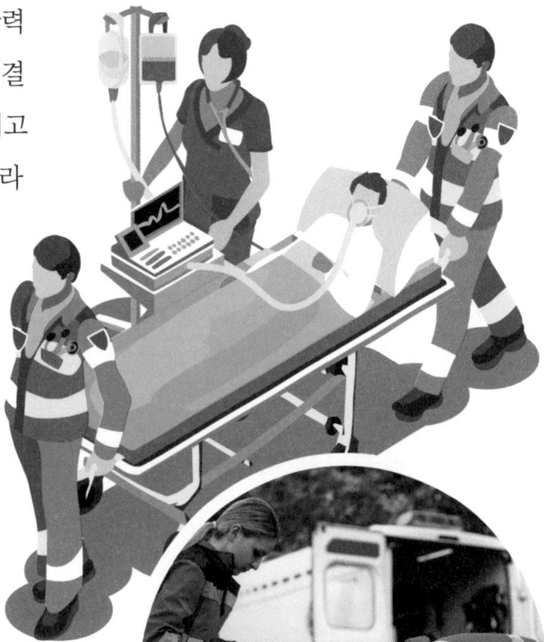

응급 구조사는 언제 출동을 해야 할지 모르기 때문에 항상 긴장해야 하며 스트레스를 잘 이겨낼 수 있어야 한다. 또한 정신적 · 육체적인 강인함과 인내심, 자기 통제 능력도 필요하며, 남을 배려하는 마음, 봉사 정신, 사명감을 가져야 한다. 항상 사람들을 대하는 일이므로 원만한 대인 관계와 의사소통 능력도 필요하다.

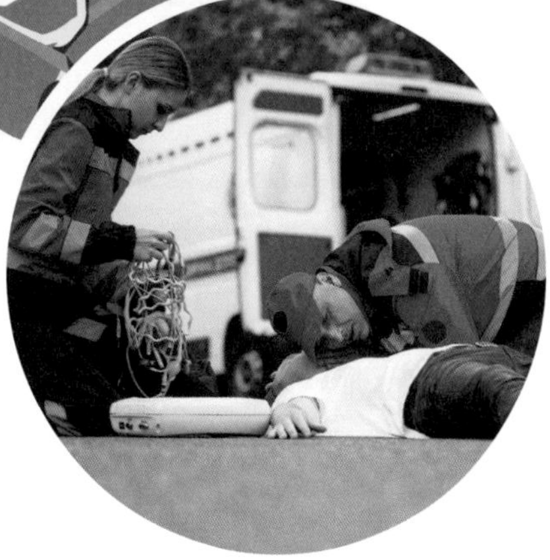

4. 응급 구조사와 관련된 학과 및 자격증

- **관련 학과:** 응급구조학과, 응급구조과, 소방안전관리학과, 간호학과 등
- **관련 자격:** 응급구조사, 수상구조사 등

그것이 알고 싶다 1급 응급 구조사와 2급 응급 구조사에 대해 알아볼까?

응급 구조사가 할 수 있는 응급 조치 업무는 응급 구조사 자격별로 법률에 정해져 있다.

2급 응급 구조사는 기본적인 심폐 소생술, 정맥로 확보, 심박, 체온, 혈압 측정, 사지 및 척추 고정, 산소 투여 등의 업무를 할 수 있다.

1급 응급 구조사는 2급 응급 구조사가 할 수 있는 업무를 포함해 포도당이나 수액 등의 약물 투여, 인공 호흡기를 이용한 호흡 유지, 기도기 삽입 등의 심폐 소생술 시행을 위한 기도 유지 등의 업무를 추가로 할 수 있다.

5. 응급 구조사의 직업 전망

기후 변화로 자연재해가 빈번해지고 사람들의 여가 시간이 늘어나면서 각종 레포츠를 즐기거나 여행을 가는 일이 증가하여 안전사고 및 다양한 사고 발생의 위험도 높아지고 있다. 이로 인해 응급 의학 분야의 중요성도 점차 커지면서 응급 구조사의 역할도 자연스럽게 증가하고 있다. 또한 독거 노인이나 1인 가구가 증가하면서 응급 상황이 발생했을 때를 대비한 체계적인 사회 안전망 구축과 안전에 대한 사회적 요구 수준이 높아지면서 소방서나 병원에 한정되었던 응급 구조사의 필요 범위가 항공사, 보건소, 민간 기업 등으로 확대되고 있다.

응급 구조사는 자신이 가지고 있는 전문적 역량으로 생명에 위험을 느끼는 응급 환자를 구조하고 더 큰 손상을 방지하는 일을 하는 사람으로 사람들에게 존경의 대상이 되기도 한다. 하지만 생명이 위급한 응급 환자를 늘 상대해야 하며 언제나 긴급하게 일을 처리해야 하므로 업무 스트레스가 많은 편이다. 공무원 신분의 응급 구조사나 대형 종합병원의 응급 구조사는 고용 안정성과 보수가 좋아 경쟁이 치열하지만 소규모 병원 응급실 등은 근무 조건과 보수가 다소 부족한 경향이 있다.

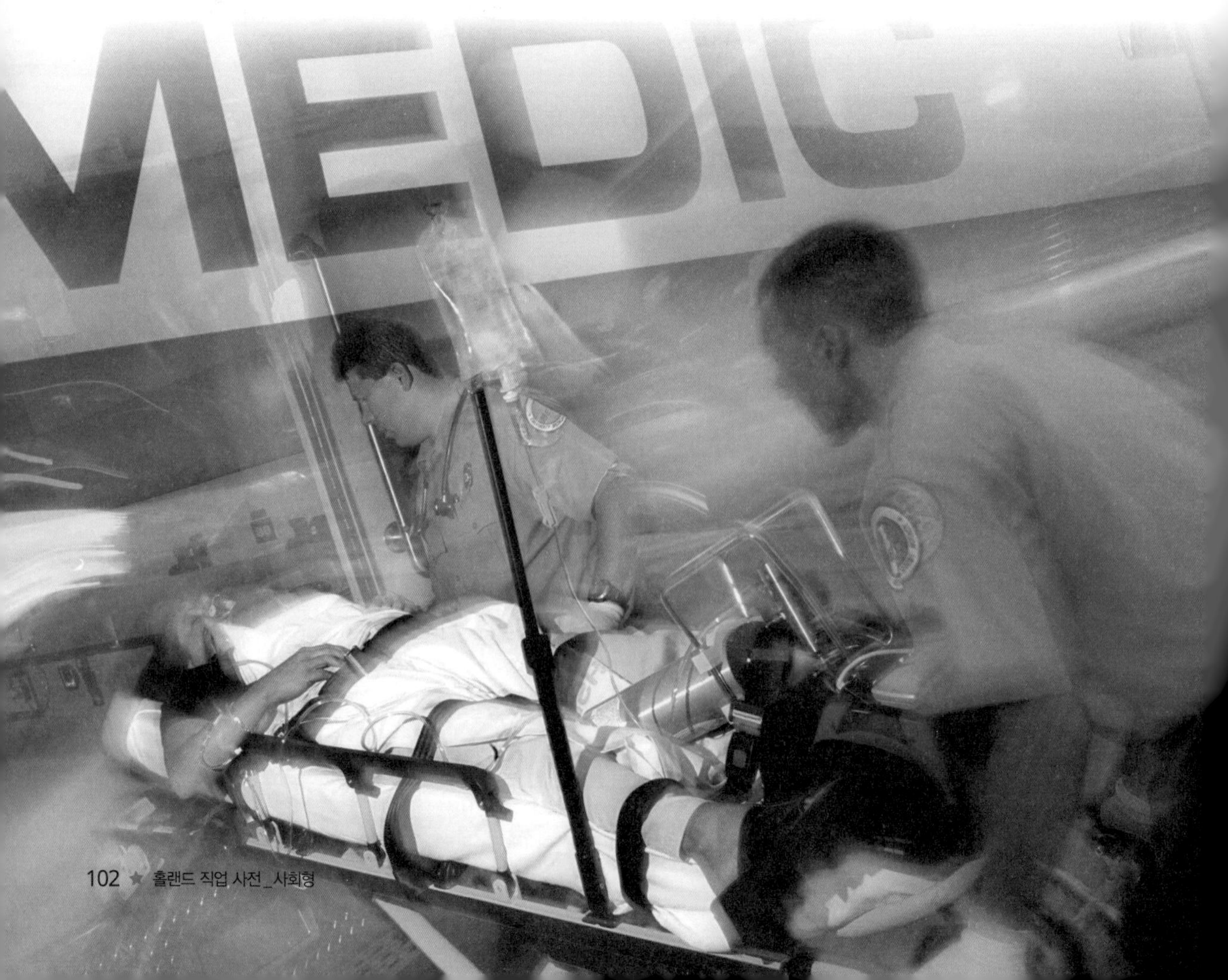

Career Path
커리어 패스

응급 구조사

응급 구조사는 사고나 재해 현장에 응급 환자가 발생하면 출동하여 적절한 응급 처치를 하고 환자를 병원으로 이송하는 일을 한다. 따라서 사회, 과학, 안전과 보건, 심리, 생물 등에 관계되는 다양한 분야의 지식이 필요하며 국가에서 인정하는 자격증을 취득해야 응급 구조 업무를 수행할 수 있다.

응급 구조사가 되려면 응급 구조사 1, 2급 국가고시에 합격해 자격증을 취득해야 한다. 대학에서 응급구조학과를 졸업하면 1급 응급 구조사 시험 응시 자격이 주어지고, 소방 학교, 국군 의무 학교, 평생 교육원 등에서 응급 구조사 양성 과정을 수료하면 응급 구조사 2급 시험을 볼 수 있다. 2급 자격증 취득 후 현장에서 3년 이상의 실무 경력을 쌓으면 1급 자격시험에 응시할 수 있고 합격하면 응급 구조사 1급 자격증을 취득할 수 있다.

응급 구조사라고 하면 대부분 119 소방대원을 떠올리지만 종합 병원이나 대학 병원 등 의료 기관의 응급실에서 응급 처치 업무를 담당하기도 한다. 그리고 응급 전문 이송 업체, 응급 의료 정보 센터, 해양 경찰청과 같은 국가기관 등에서 일할 수도 있으며, 스포츠 시설 업체의 안전요원, 수상 및 산악 구조요원으로 활동할 수 있다.

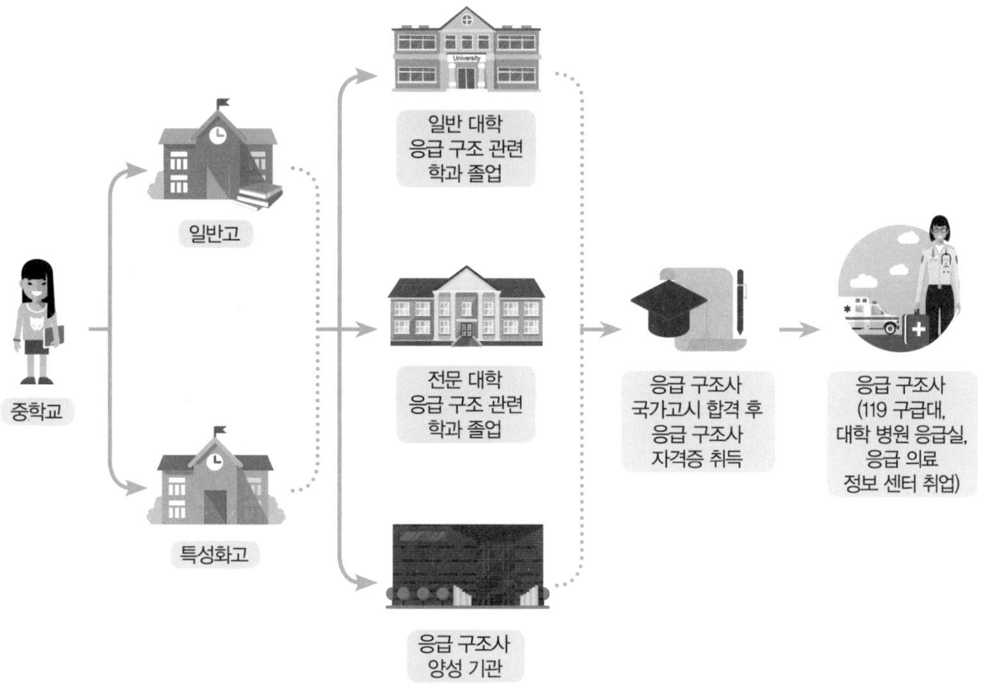

△ 응급 구조사의 커리어 패스

대학교 관련 학과

응급구조학과

학과 소개

응급구조학과는 응급 처치에 관한 과학적 의료 지식과 응급 환자의 건강과 생명을 보호할 수 있는 이론과 실무에 대해 공부한다. 각종 질병, 사고, 손상 및 재해 등의 발생 현장에서 신속한 응급 구조를 통해 생명의 존엄성을 지키는 응급 구조사를 양성하는 데 목적이 있다.

적성 및 흥미

다른 사람을 돕는 것을 좋아하고 봉사 활동, 희생정신을 통해 보람을 느낄 수 있는 사람에게 적합하다.
긴급 상황에 당황하지 않고 침착하게 대처할 수 있는 능력이 요구되며, 생물학이나 물리학 등의 과학 과목에 흥미가 있고, 긍정적이고 활동적이며 적극적인 성격도 필요하다.

진출 직업

응급 구조사, 수상 구조사, 인명 구조원, 소방직(119 구급대) 공무원, 법무무 공무원(의무직), 보건행정직 공무원, 해양 경찰, 소방 안전 관리자, 의무 부사관, 의료 코디네이터 등

자격 및 면허

응급구조사,
일반인심폐소생술강사,
수상구조사, 수상인명구조원,
전문응급처치강사, 재난안전관리사,
BLS Provider(기본심폐 소생술자격증),
KALS Provider(한국형전문심장구조술),
BDLS(재난인명구조술자격증), ACLS
Provider(전문심장구조술자격증),
PA(진료보조사 자격증) 등

진출 분야

★기업체★
일반 산업체의 의무실, 레저 스포츠 센터,
스포츠 시설 기관, 경호 · 경비 업체, 응급 전문
이송 업체, 의료기 업체 등

★정부 및 공공 기관★
소방 방재청, 한방 병원, 요양 병원, 보건소, 종합 병원,
대학 병원 의료 기관의 응급실, 법무부, 산림청, 해양 경찰청,
응급 의료 정보 센터, 수상 인명 구조대, 산악 구조대,
항공 구조대 등

★기타★
창업(민간 이송업), 대학원 진학 등

관련 학과

응급구조과,
소방안전구급과,
산업보건응급구조학과,
소방구조구급과,
전문응급구조학전공 등

중·고등학교 학교생활 포트폴리오

★동아리 활동★

보건, 체육과 관련한 동아리 활동을 통해 전공과 관련한 많은 경험을 쌓을 것을 추천한다.

★봉사 활동★

경로당, 보육원, 지역 보건소 등에서 지속적인 봉사 활동을 하는 것이 좋다.

★독서 활동★

의학, 응급 구조, 응급 처치, 생명, 보건 등 전공과 관련한 폭넓은 독서 활동을 권장한다.

★교과 공부★

국어, 수학, 사회, 생물, 화학, 보건, 과학 등 관련 교과 실력 향상에 힘쓰고, 관련 분야 학업 역량을 발휘하는 데 노력한다.

★교외 활동★

응급 구조사 관련 체험 학습, 심폐 소생술 수업 참여, 대학의 전공 체험 프로그램에 적극 참여한다.

※인성 분야 수상과 과학 관련 교과 수상 경력, 자율 주제 탐구 대회에 참여하는 것도 도움이 된다.

13 임상 심리사

관련 학과
심리학과
112쪽

1. 임상 심리사의 세계

사람들은 누구나 행복한 삶을 살고 싶어하지만 때로는 불안정한 감정으로 고통과 절망을 느끼기도 한다. 개인적으로 느끼는 우울증이나 스트레스는 단순히 개인의 문제로 끝나는 것이 아니라 그들이 소속되어 있는 가족, 학교, 조직 등에 영향을 주기도 하며, 사회 문제를 발생시키기도 한다. 복잡한 사회 속에서 심한 스트레스로 심리 상담이 필요한 사람들도 매년 급증하고 있는 게 현실이다.

마음이 아픈 사람을 진단하고 우울증이나 스트레스 등 심리적 장애의 아픔을 극복할 수 있도록 돕는 사람이 바로 임상 심리사이다. 임상 심리사는 우울, 불안, 정신 분열, 적응 문제, 중독 문제, 학습 장애, 성격 장애, 주의력 결핍 등 심리와 생리적 장애가 있는 개인 또는 집단을 대상으로 심리적 문제나 정신 건강과 관련된 문제를 이해하고 평가 및 치

료하여 심신의 건강 증진을 돕는 전문가로 심리 치료사라고도 한다. 정신과 의사는 의학적 지식을 바탕으로 필요한 경우에 환자에게 약물 치료도 할 수 있지만 임상 심리사는 약물 치료는 할 수 없다.

임상 심리사는 내담자의 인지, 정서, 성격 등 정신 건강을 기반으로 객관적 평가를 내리고, 심리학적 이론에 근거한 행동 치료, 현실 치료, 인지 행동 치료 등의 방법을 사용하여 내담자들이 마음의 병을 이겨 낼 수 있도록 돕는다. 그리고 환자뿐만 아니라 일반인을 대상으로 스트레스 관리 방법에 대해 조언함으로써 일상생활이나 업무의 능률을 향상시키는 역할도 한다.

임상 심리사는 배려심과 의사소통 능력, 심리학적 지식과 많은 임상 경험과 상담 기술을 갖추어야 하므로 상당히 많은 시간을 공부와 연구에 전념해야 한다. 최근 마음의 병이 생겼을 때 정신과 상담이나 치료를 받는 것을 당연하게 생각하는 인식의 변화와 정신 건강에 대한 관심이 늘면 임상 심리사의 필요성과 역할은 커지고 있는 상황이다.

그것이 알고 싶다 임상 심리사와 관련된 직업에 대해 알아볼까?

- **정신과 전문의:** 임상 심리사와 마찬가지로 심리 치료를 하며, 우울증이나 정신 분열증 등 정신 병리에 대한 치료를 한다. 약물이나 전기 · 경련 치료 등을 시행하고 정신 건강 관련 직업 가운데 유일하게 약물을 처방할 수 있는 권한을 가지고 있다.
- **상담 심리사:** 임상 심리사처럼 심리학 석사 이상 학위나 3년 간의 수련 등 요구하는 자격 요건은 비슷하지만 환자 보다는 정상인을 대상으로 정서 및 행동 문제, 스트레스 상담, 직업 · 진로 상담, 대인 관계 등의 문제를 진단하고 치료한다. 수련 기관이 병원이 아닌 일반 상담 기관이라는 점에서 임상 심리사와 다르다.

2. 임상 심리사가 하는 일

임상 심리사는 사회 부적응이나 정신 장애 등으로 문제를 겪는 사람들이나 집단을 대상으로 상태를 정확하게 진단하고 심리 상담을 통해 문제를 평가하여, 정신적인 문제를 치료하고 해결할 수 있게 도와주는 일을 수행한다.

내담자의 인지 능력, 정서, 성격, 적성 등 정신 건강 상태에 대해 정확한 평가를 위해 면접과 심리 검사를 이용하여 진단한다.

내담자의 정서적 · 성격적 · 행동적 문제들을 심리학적 방법을 통해 문제 해결을 돕는다.

심리 검사 후 전반적인 심리 평가를 하고 치료 계획을 세우기 위한 심리 평가 보고서를 작성한다.

심리 상담 기관, 병원, 정부 기관, 기업체에 심리 상담 프로그램을 제공하며, 다양한 기관의 심리 관련 사항에 대해 자문하고 전문적인 의견을 제공한다.

내담자를 이해하고 치료하는 데 도움을 줄 수 있도록 관련 논문도 작성하고 심리 치료 관련 워크숍, 연수 등에 꾸준히 참여한다.

임상 심리사는 상담을 통해 내담자가 자기 문제를 극복하고 마음이 성장하는 모습을 보면 보람을 느낀다. 그러나 항상 마음이 아픈 사람들을 상담하므로 그들의 문제가 항상 머릿속에 남아 있어 정신적인 스트레스가 많은 편이다. 진단과 평가, 치료에 대한 높은 수준의 전문 지식뿐만 아니라 놀이, 미술, 음악 등 각각의 경우에 맞는 치료 방법에 대해서도 파악하고 있어야 하므로 자신의 전문적인 능력을 끊임없이 개발해야 한다. 또한 대학원 석사 학위 또는 박사 학위까지 취득하고 수련 기간을 거친 후 활동하는 경우가 많아 오랜 기간 교육을 받아야 하는 어려움이 있다.

그것이 알고 싶다 임상심리사와 관련된 자격증에 대해 알아볼까?

- **임상심리사:** 2급 자격은 1년 이상 실습 수련을 받거나 2년 이상 실무에 종사한 경력이 있는 대학 졸업자 또는 졸업 예정자가 응시 가능하다. 우선 1차 필기 시험에 합격하고, 2차 실기 시험을 서술형으로 치르게 된다. 1급 자격은 2년 이상 실습 수련을 받거나 4년 이상 실무에 종사한 자로서 심리학 분야에서 석사 학위 이상의 학위를 취득한자, 임상 심리사 2급 자격 취득 후 임상 심리와 관련하여 5년 이상 종사한 자 등이 응시 가능하다.
- **정신건강임상심리사:** 2급 자격은 대학에서 심리학을 전공한 학사 학위 이상의 소지자로서 1년 이상 수련을 마쳐야 한다. 1급 자격은 대학원 심리학과에서 임상 심리학을 전공한 석사 이상의 소지자로서 3년 이상 수련을 마쳐야 한다.

3. 임상 심리사에게 필요한 능력

임상 심리사는 상담이 주요 업무인 만큼 자신의 생각과 감정을 내담자에게 잘 전달할 수 있는 의사소통 능력과 내담자의 문제를 진심으로 잘 들어 주고 공감할 수 있는 능력이 가장 중요하다.

내담자의 심리적인 문제와 성격을 파악할 수 있는 분석적인 사고 능력과 오랜 수련 기간을 견딜 수 있는 인내심도 필요하다.

임상 심리사는 상담과 관련된 전문적 지식을 많이 알고 있는 것도 중요하지만 자신의 내면을 잘 이해하고 성숙된 모습으로 내담자를 대해야 한다. 그러기 위해서 자기 성찰의 시간을 갖도록 하고 자기 관리 능력도 있어야 한다. 타인의 행동과 사람을 이해하는 배려심, 이타심, 언어 능력, 대인 관계 능력 등을 갖추고 있어야 하고, 내담자의 사생활 보호를 위해 상담 내용은 절대 비밀을 유지해야 하므로 책임감도 요구된다.

4. 임상 심리사와 관련된 학과 및 자격증

- **관련 학과:** 심리학과, 상담학과, 심리상담치료학과, 상담심리학과, 심리치료학과 등
- **관련 자격:** 임상심리사, 정신보건임상심리사, 청소년상담사 등

5. 임상 심리사의 직업 전망

경제가 발전하면서 사람들의 생활은 풍요로워졌지만 대인 관계의 어려움과 각종 스트레스로 약물 중독, 게임 중독, 알코올 중독 등의 정신적 문제가 나타나고 있다. 불안과 우울, 사회 부적응 등으로 마음이 아픈 사람들이 많아졌고 이를 치료하지 않을 경우 폭력과 자살 등 극단적인 행동이 나타나는 경우가 있어 심리 상담에 대한 필요성과 정신 건강의 중요성은 점점 더 커지고 있다.

예전에는 주로 정신 병원과 상담소에서 행해지던 심리 상담이 학교뿐만 아니라 법무부 교정국, 노동청 산하 연구소 등의 국가 기관, 일반 기업체로 범위가 점차 확대되고 있다. 범죄 심리, 교육 문제, 청소년 문제 등 각 사회 분야에 심리 상담에 대한 수요가 계속 증가하고 있어 취업의 범위가 넓어지고 있다.

최근에 심리 상담에 대한 인식의 개선과 정신 보건 분야에 대한 국가적인 지원이 증가하고 있다. 핵가족과 1인 가구가 늘어나고 심리적 어려움을 다른 사람들과 나누는 것이 점차 힘들어지면서 상담 관련 기관으로 상담 신청 문의 사례가 늘고 있고, 이러한 상황이 임상 심리사의 고용에도 영향을 주고 있다. 더 나아가 인간 공학이나 인공 지능 분야에도 심리학이 활용되면서 이와 관련된 임상 심리사의 활동도 증가할 것으로 보인다.

Career Path
커리어 패스

임상 심리사

임상 심리사가 되기 위해서는 각종 심리 검사의 실시 및 해석, 심리 통계학, 심리학 연구법 등 다양한 분야의 상담과 치료에 대한 전문 지식을 쌓아야 한다. 일반적으로 일반 대학의 심리학과에 진학하여 심리학의 세부 전공인 임상 심리학을 전공하고 졸업 후 대학원에서 임상 심리 전공으로 석사 과정을 마쳐야 한다. 석사 과정을 마친 뒤에는 병원이나 지정 수련 기관에서 3년 간 수련을 받아야 하고 임상 심리사 관련 자격증을 취득해야 활동할 수 있다. 임상 심리사 관련 자격증을 취득하려면 보건복지부에서 시행하는 정신건강임상심리사 자격시험이나 한국산업인력공단에서 시행하는 임상심리사 자격시험에 응시해야 한다.

임상 심리사는 정신 장애 및 사회 부적응 등의 장애가 있는 사람들에게 어떤 심리적 원인이 있는지를 분석하여 정신적인 문제를 해결해 주는 일을 하므로 꾸준히 공부하고 연구해야 하는 직업이다.

임상 심리사는 정신과 병원, 심리 상담 기관, 재활센터, 청소년위원회나 법원 같은 국가 기관, 사회복지 기관, 학교, 병원의 재활 의학과나 신경과, 정신보건센터나 심리 건강 관련 연구소, 사설 심리 상담소 등 다양한 사회 기관에 진출할 수 있다.

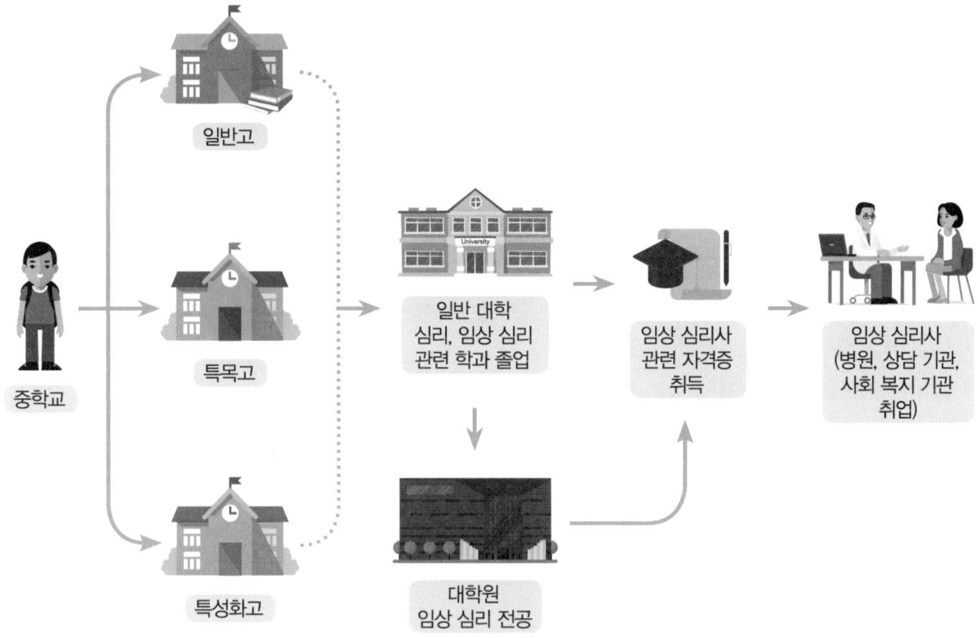

△ 임상 심리사의 커리어 패스

대학교 관련 학과

심리학과

학과 소개

심리학과는 인간의 사고와 행동, 심리를 과학적이고 체계적으로 연구하기 위하여 세밀한 관찰과 실험, 합리적인 추론뿐만 아니라 인간의 마음과 행동에 대해 공부한다.
특유의 과학적 통찰력에 기반하여, 인간을 이해하고 우리 사회의 많은 문제를 해결하는 동시에 개개인의 삶의 질을 향상시킬 수 있는 심리학 전문가를 양성하는 데 목적이 있다.

적성 및 흥미

사람의 심리나 행동 및 사람들 간의 관계 형성에 관심을 가지고 있고, 인간 자체에 대해 연구하고자 하는 마음이 필요하다. 심리학은 실험, 조사, 가설 설정 등 과학적 방법론을 많이 활용하므로 논리적 사고력이 뛰어난 사람에게 적합하다.

진출 직업

임상 및 상담 심리 전문가, 산업 및 조직 심리학 전문가, 인지 심리학 전문가, 사회 심리학 전문가, 청소년 상담사, 전문 상담 교사, 발달 심리 전문가, 정신 보건 임상 심리사, 범죄 심리 전문가, 기자, PD, 아나운서, 인문 과학 연구원, 작가, 카피라이터 등

관련 학과

상담심리학과,
사회심리학과,
산업심리학과, 상담학과,
심리상담학과, 상담 · 산업심리학과,
아동복지상담심리학부(상담심리학전공),
상담코칭심리학과, 군상담심리학과,
심리철학상담학과,
미술심리상담학 등

중·고등학교 학교생활 포트폴리오

자격 및 면허

상담심리사, 정신건강임상심리사, 임상심리사, 산업 및 조직심리사, 건강심리전문가, 청소년상담사, 전문상담교사, 발달심리사, 경영지도사, 사회조사분석사, 소비자전문상담사, 직업상담사, 청소년지도사, 평생교육사, 미술치료사, 놀이치료사 등

진출 분야

★기업체★

기업체의 마케팅 · 홍보팀, 광고 대행사, 컨설팅 업체 등

★정부 및 공공 기관★

병원(정신과에서 심리 평가 및 심리 치료, 신경과, 소아과, 재활 의학과 등에서도 활동), 심리치료센터, 정신건강센터, 정신 건강 연구소, 국가 기관(경찰청, 보호관찰소, 청소년보호위원회, 가정법원, 교도소, 소년원 등), 도박 중독 치료 기관, 성폭력 피해 상담 치료 기관, 교육 지원청의 Wee 센터 등

★기타★

신문사, 잡지사, 방송국, 인문 · 사회 과학 관련 국가 · 민간 연구소 등

★동아리 활동★

또래 상담, 심리 관련 동아리 활동을 통해 전공과 관련한 많은 경험을 쌓을 것을 추천한다.

★봉사 활동★

사회 복지 시설, 상담 기관 등에서 지속적인 봉사 활동을 하는 것이 좋다.

★독서 활동★

심리학, 논리학, 인문학, 철학 등 전공과 관련한 폭넓은 독서 활동을 권장한다.

★교과 공부★

국어, 영어, 수학, 과학, 사회 등 교과 실력 향상에 힘쓰고, 적극적인 수업 태도로 관련 분야 학업 역량을 발휘하는 것이 좋다.

★교외 활동★

심리 상담 관련 기관 방문 및 집단 상담, 개인 상담 프로그램에 적극적으로 참여한다.

※인성 분야 수상과 수학, 영어, 생물 관련 교과 수상 경력, 토론, 논술 관련 대회에 참여하는 것도 도움이 된다.

14 작업 치료사

관련 학과
작업치료학과
120쪽

1. 작업 치료사의 세계

일상생활에서의 우연한 사고나 산업 현장에서 발생한 산업 재해, 그리고 여러 가지 질환의 후유증으로 정신적 또는 신체적인 기능 장애를 가진 사람들을 우리 주변에서 어렵지 않게 볼 수 있다. 현대 사회는 의학의 발달로 평균 수명이 늘어나고 난치병을 치료하는 의학 기술도 개발되고 있지만, 심각한 사고로 인한 정신적, 신체적인 장애는 원래 상태대로 쉽게 회복되지 못하는 것이 현실이다.

보통 사람들에게는 걷거나, 뛰거나, 앉았다가 일어나는 등의 행동들, 그리고 대화를 하거나 일상생활을 하는 것은 아무것도 아니지만 장애를 가진 사람들에게는 이러한 일들이 결코 쉬운 행위가 아닐 수 있다. 특히 척수 장애가 있는 환자는 휠체어를 안전하게 옮겨 타기 위해 통증을 참으며 재활 운동을 해야 한다. 일단 휠체어를 탈 수 있어야 기본

생활이 가능하므로 이러한 재활 훈련은 필수적인 것이다.

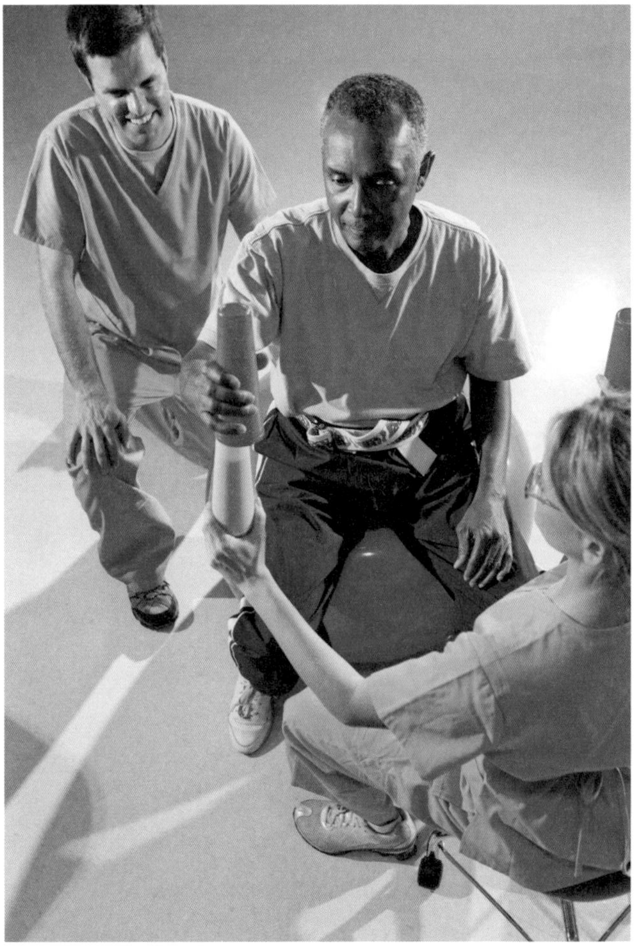

척수 장애 환자가 휠체어를 쉽게 타기 위해서는 오랜 시간 많은 노력을 해야 한다. 어깨뿐만 아니라 손과 팔의 근력을 키워 체력을 강하게 만들고 기술을 습득해야 넘어지지 않고 안전하게 휠체어를 사용할 수 있다. 이런 상황에 처한 환자에게 자세와 손동작을 바로 잡아주며 안정된 자세와 기술을 가르쳐주는 사람이 작업 치료사다.

작업 치료사는 사고, 상해, 질병, 노화, 발달 장애 등 신체적 혹은 정신적 기능의 문제를 가지고 있는 사람들에게 독립적인 일상생활이 가능하도록 재활 치료와 자립을 돕는 직업이다. 작업 치료의 작업(occupation)의 의미는 인간이 일상생활을 하는 데 필요한 정신적 · 육체적 · 사회적 활동을 뜻한다. 즉, 학생들이 등교하여 공부하거나 운동장에서 뛰어 노는

그것이 알고 싶다 작업 치료사와 물리 치료사의 차이에 대해 알아볼까?

물리 치료사와 작업 치료사는 보건복지부 장관의 면허를 취득한 '치료사'라는 명칭을 사용할 수 있는 직종으로, 의료 기사에 해당된다. 물리 치료가 환자의 신체적인 기능을 향상시키는 것이라면 작업 치료는 환자의 신체적인 기능뿐만 아니라 인지적 문제를 함께 치료한다.

- **물리 치료사:** 보행, 신체적 재활에 중점을 두며, 온열 치료, 전기 치료, 광선 치료, 수(水) 치료, 기계 및 기구 치료, 마사지 · 기능 훈련 · 신체 교정 운동 및 재활 훈련을 위한 물리 요법적 치료를 실시한다
- **작업 치료사:** 일상생활 훈련, 인지 재활, 삼킴 치료 등에 중점을 두며, 신체적 · 정신적 기능 장애를 회복시키기 위해 물체나 기구를 활용한 감각 · 활동 훈련, 인지 재활 치료, 삼킴 장애 재활 치료를 실시한다.

것, 직장인이 출근해서 일을 하고 휴일에 여행을 가는 것, 노인이 건강을 위한 모든 여가 활동 등도 작업에 포함된다.

작업 치료사는 장애가 있는 환자들의 감각 및 활동 기능을 회복시켜 개인에게 의미가 있던 작업을 다시 수행할 수 있도록 돕는 사람이다. 작업 치료사의 치료 활동은 단기간에 이루어지는 것이 아니기 때문에 인내심을 가지고 치료 활동에 임해야 한다.

2. 작업 치료사가 하는 일

작업 치료사는 신체적 · 정신적 질환이나 다양한 요인으로 기능 장애가 있는 환자들에게 의미 있는 치료적 활동을 실시한다. 환자들이 최대한 만족스러운 삶을 살 수 있도록 일상의 기능을 회복시켜 스스로 원하는 동작을 할 수 있도록 도와주는 일을 수행한다.

식사, 옷 입기, 개인 위생, 이동 등의 일상생활에 필요한 기술을 평가하고 훈련을 통해 환자들이 독립적인 수행과 참여가 가능하도록 돕는다.

인지, 지각 평가 및 훈련, 기억력, 사고력 등의 인지 능력을 향상시키고, 환경에 적응하는 능력을 위해 체계적인 활동을 실시한다.

환자에게 치료 활동이 잘 이루어졌는지 점검하고 개인의 역량을 비교하는 작업 수행 분석 및 평가 업무를 실시한다.

근골격계와 신경계가 손상된 사람의 관절 움직임, 근력, 균형 능력, 감각 능력 등을 향상시키기 위한 평가와 신체 기능 증진 훈련을 실시한다.

먹기, 씹기, 삼키기가 어려운 환자에게 삼킴 활동에서 발생하는 기능의 제한에 대하여 안전하고 독립적인 삼킴과 영양 공급을 위한 삼킴 장애 재활 치료를 실시한다.

작업 치료사는 장애인이나 노인들이 재활 치료를 통해 상태가 호전되는 모습을 보면서 높은 성취감을 느낀다. 그러나 거동이 불편한 환자를 치료하다보면 금방 지치고 피로가 쉽게 쌓이고, 디스크를 비롯한 근골격계 질환에 걸릴 수도 있다. 또한 관절이나 근육을 많이 쓰므로 손목, 발목, 어깨, 허리 통증 때문에 육체적으로도 힘이 드는 직업이다.

그것이 알고 싶다 작업 치료사 자격증에 대해 알아볼까?

전문 대학(3년제), 일반 대학의 작업치료학과를 졸업한 학생에 한해 작업 치료사 국가고시에 응시할 자격이 주어진다. 시험은 필기시험과 실기시험을 보는데 모두 객관식 5지 선다형으로 출제되며 필기시험은 매 과목 만점의 40% 이상, 전 과목 총점의 60% 이상, 실기시험은 만점의 60% 이상 득점해야 합격할 수 있다.

3. 작업 치료사에게 필요한 능력

작업 치료사는 신체적 · 정신적으로 장애를 가지고 있는 환자를 치료하고 보호해 주어야 하므로 환자의 아픔과 문제에 대해 공감할 수 있어야 한다. 따라서 환자에 대한 이해심과 배려심, 봉사 정신 등을 가지고 있는 사람에게 적합하다. 환자마다 가지고 있는 기능 저하의 원인과 증상이 다르므로 환자에게 알맞은 치료 활동이 이루어지도록 전문적 지식을 바탕으로 적응성과 융통성을 보여 줘야 한다.

환자를 치료하면서 위급한 상황이 생겼을 때 원만하게 해결할 수 있는 순발력, 위기 관리 능력, 판단력이 필요하다. 장애를 가진 환자들을 대하므로 친절한 자세가 필요하고 꼼꼼한 성격일수록 좋으며, 사회적 상호작용을 잘 할 수 있도록 효과적 의사소통을 위한 언어 능력도 필요로 한다.

4. 작업 치료사와 관련된 학과 및 자격증

- **관련 학과:** 작업치료학과, 작업치료과, 재활학과, 물리치료학과, 특수교육학과 등
- **관련 자격:** 작업치료사, 보조공학사, 감각발달재활사, 요양보호사 등

5. 작업 치료사의 직업 전망

노인 인구의 증가로 노인성 질환 및 만성 퇴행성 환자가 많아지고 치매환자의 재활 및 인지 능력 개선을 위한 재활의 필요성이 강조되고 있는 상황이다. 병원도 노인 전문 병원, 요양 병원, 재활 병원 등으로 치료 분야가 세분화되면서 노인 및 의료 분야에서 유망한 직업으로 주목받고 있다.

의학 기술의 발달로 선천적 장애 아동의 생존율이 증가되고, 사회 복지 제도가 확대되면서 장애 아동을 위한 지원 사업이 많이 추진되고 있다. 관절염, 심장질환, 중풍, 당뇨, 뇌졸중, 치매 등과 같은 만성 성인 질환의 증가, 일상생활에서의 교통사고나 산업 현장에서 일어나는 산업 재해 및 환경 오염 등으로 장애를 입은 사람들이 많아지면서 재활 치료를 필요로 하는 인구가 점차 늘어나고 있는 상황이다. 또한 최근에는 정신적인 기능 장애의 회복에 대한 작업 치료사의 업무가 추가되어 병원의 정신 건강 의학과에서도 작업 치료사가 많이 필요할 것으로 예상된다.

작업 치료의 경우 병원뿐만 아니라 치료 대상자가 있는 장소를 찾아가서 재활 활동이 이루어지는 경우도 있고, 보육원이나 기업의 직원으로 채용되는 등 다양한 곳에 취업할 수 있기 때문에 작업 치료사에 대한 수요는 점점 증가하고 있다.

Career Path
커리어 패스

작업 치료사

작업 치료사는 신체적 · 정신적 장애가 있는 환자들을 치료해야 하기 때문에 해부학, 생리학, 병리학, 정신 의학, 복지 등 다양한 분야의 지식과 자격을 갖추어야 한다.

작업 치료사가 되기 위해서는 전문 대학이나 일반 대학에 개설되어 있는 작업치료학과나 재활의학과와 같은 관련 학과를 졸업해야 한다. 이후 작업 치료사 국가고시에 합격한 후 보건복지부 장관이 인정하는 작업 치료사 의료 기사 면허증을 취득하면, 의료 기사 등에 관한 법률과 시행령에서 인정하는 규정에 따라 작업 치료 업무를 수행할 수 있다. 취업 후 연간 8시간 이상의 보수 교육을 통해 3년마다 보건 복지부 장관에게 취업 실태와 상황, 보수 교육 이수 등을 신고해야 한다.

작업 치료사는 병원 등 의료 기관의 물리 치료실 및 작업 치료실에 주로 진출하고 있으며, 재활원, 종합 복지관, 장애인 복지관, 특수 학교, 체육 관련 시설, 아동발달센터 및 연구소, 소아청소년과, 신경정신과, 장애아동센터, 보건소, 근로복지공단, 국민건강보험공단, 장애인 고용촉진공단 등에서도 활동할 수 있다.

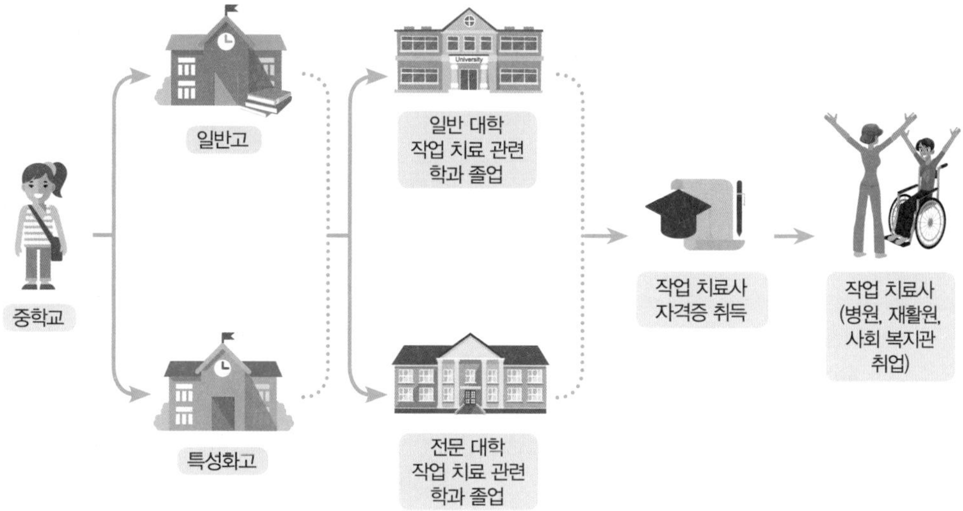

△ 작업 치료사의 커리어 패스

대학교 관련 학과

작업치료학과

학과 소개

작업 치료는 사고나 질병, 질환, 장해로 인한 장애, 선천적인 장애 등의 이유로 일상생활이 어려운 환자들을 치료하는 것을 말한다.
다양한 작업 치료를 통해 신체적 · 정신적 · 사회적 · 직업적으로 장애를 가진 사람들의 기능을 향상시켜 최대한 독립적으로 일상생활을 수행할 수 있도록 돕는 작업 치료사를 양성하는 학과이다.

적성 및 흥미

사람에 대한 관심과 애정이 많고 따뜻한 마음으로 도움을 줄 수 있는 사람에게 유리하다.
다양한 사람들을 대해야 하므로 원만한 대인관계 능력과 리더십, 인내심, 매사에 긍정적이고 작업 치료에 대한 관심과 열정이 필요하다.

관련 학과

작업치료과, 재활과,
미술심리재활과, 의료재활과학과,
재활요양관리과, 음악심리재활과,
동물매개재활과, 의료재활과,
재활의료관리과, 특수직업재활과,
재활보건관리과, 건강재활과,
특수재활학과 등

자격 및 면허

작업치료사, 감각발달재활사, 노인활동지도사, 인지활동지도사, 아동발달전문가, 인간공학기사, 사회복지사, 보육교사, 보조공학기사, 고령자치매작업치료사, 감각통합치료 전문가 등

진출 분야

★기업체★

기타 보조 공학, 장애인 용품, 노인 용품 수입 업체, 의료기 관련 사업체 등

★정부 및 공공 기관★

대학 병원, 종합 병원, 재활 전문 병원, 요양 기관, 정신 병원, 지역 사회 보건 기관, 장애인 활동 관련 센터, 지역 복지관, 지역 사회 재활원, 한국장애인고용공단, 국민건강보험공단, 교육부, 보건복지부, 교육청, 특수 학교, 보조 공학 서비스 기관, 발달 장애, 치매 등 특정 장애 지원 서비스 관련 기관 등

★기타★

의학 전문 대학원 편입, 해외 취업 및 유학 등

진출 직업

작업치료사, 물리치료사, 놀이치료사, 청능치료사, 미술치료사, 아동발달전문가, 보조공학 전문가, 장애인 직업 관련 전문가, 특수 학교 교사 등

중·고등학교 학교생활 포트폴리오

★동아리 활동★

보건, 봉사 관련 동아리 활동을 통해 전공과 관련한 많은 경험을 쌓을 것을 추천한다.

★봉사 활동★

장애인 복지관, 사회 복지 관련 기관 등에서 지속적인 봉사 활동을 하는 것이 좋다.

★독서 활동★

보건, 의료, 심리 등 전공과 관련하여 폭넓은 독서 활동을 권장한다.

★교과 공부★

국어, 수학, 생물, 화학, 체육, 보건 등 관련 교과 실력 향상에 힘쓰고, 적극적인 수업 태도로 관련 분야 학업 역량을 발휘한다.

★교외 활동★

병원 현장 견학 및 병원, 보건소 등 의료 기관 직업 체험 프로그램에 적극적으로 참여한다.

※인성 분야 수상과 생물, 물리, 화학 관련 교과 수상 경력, 보건 관련 프로젝트에 참여하는 것도 도움이 된다.

15 장례 지도사

관련 학과
장례지도과
128쪽

1. 장례 지도사의 세계

모든 인간은 죽음을 피할 수 없다. 언젠가 다가올 그 마지막 순간을 존엄하고 아름답게 마무리해 주는 사람들이 있다. 죽은 자와 살아있는 자들이 함께 치르는 장례 의식과 관련된 모든 업무를 총괄하는 사람이 바로 장례 지도사 혹은 장의 지도사이다.

과거에는 장례식을 치를 때 가족, 친척이나 가까이에 사는 이웃들이 도와주었고 상여(사람의 시신을 실어서 묘지까지 나르는 도구)를 비롯한 각종 장례 물품을 공동으로 보관하면서 사용했다. 하지만 현대 사회가 도시화되고 핵가족화 되면서 장례 업무를 전문적으로 대행해 주는 사람들이 본격적으로 등장하게 되었다. 장례에 관한 모든 것을 관리하고 운영하며, 유가족에게 장례 의례를 돕기 위해 '장례 지도사'라는 직업이 생겨났다. 시신의 몸을 씻기고 나서 옷을 입히고 염포로 묶는 일인 '염(殮)'을 전문적으로 하는 사람을 '염사'나 '염습사'라 부르는데,

장례 지도사는 이보다는 더 폭넓은 뜻으로 쓰이며 염을 비롯해 장례식의 모든 일을 진행한다.

성년에 이르면 어른이 된다는 의미로 상투를 틀고 갓을 쓰게 하던 의례

조선 후기의 학자인 이재(李縡)가 지은 '사례편람(四禮便覽)'은 관례, 혼례, 장례, 제례 등에 대해 서술하고 있는데, "염습은 가족이 하되 남자는 남자가, 여자는 여자가 하라."는 내용이 있다. 고인이 여성일 경우 특히 유가족들이 여성 장례 지도사의 염습을 선호하기 때문에 여성 장례 지도사에 대한 수요가 늘어나고 있는 상황이다.

장례 지도사는 예전에는 장의사로 불리며 기피 직업으로 인식된 적도 있었지만, 현재는 대학에 전문 장례 인력을 양성하기 위한 장례지도과가 개설되어 있는 상황이다. 장례식장이나 상조회사 등에 취업이 보장되다 보니 입학 경쟁률도 치열한 편이며, 미래 인공 지능과 로봇이 등장하는 시대에도 사라질 수 없는 전문 직종으로 주목받고 있다.

장례 지도사는 죽은 사람을 마지막으로 떠나보내는 일을 한다는 사명감으로 장례의 모든 과정에 임해야 한다. 요즘은 예전과 다르게 자신의 장례를 미리 준비하는 등 죽음 자체에 대한 인식이 긍정적으로 변화하고 있으며 장례 지도사가 평생 직업으로 인식되고 있다.

그것이 알고 싶다 반려동물 장례 지도사에 대해 알아볼까?

반려동물을 키우는 사람들이 증가하면서 죽은 반려동물을 사람의 경우처럼 장례를 치르고 명복을 빌어주는 반려동물 장례 문화가 생겨나고 있다. 반려동물의 장례는 반려동물 장례 지도사에 의해 진행되고 있는데, 반려동물 장례 지도사란 반려동물이 죽었을 때 동물 장묘법의 범위 안에서 장례 절차의 상담, 절차 진행, 납골 등의 장례 전반을 대행해 주는 직무를 수행하는 전문인을 말한다.

장례 절차는 우선 영구차로 사체를 운구하고 제단을 만들고, 죽은 동물을 씻긴 후 염 처리 후 수의를 입히고 입관하고 화장 후 납골당 안치 순으로 진행된다.

2. 장례 지도사가 하는 일

장례 지도사는 장례를 총괄적으로 운영하는 전문 인력으로 장례 의식과 관련된 모든 업무를 맡는다. 유가족과 상의하면서 의례 지도, 빈소 설치, 시신을 운반하는 운구 등 장례식과 관련된 모든 일들을 진행한다.

상을 당한 유족의 장례 상담 요청에 따라 유족에게 장례 일정, 장례 절차와 방법, 물품 상담 및 안내 등의 정보를 제공한다.

시신을 깨끗이 닦고 수의를 입혀 관에 눕히고 시신이 흔들리지 않도록 공간을 채운다.

사망 진단서 확인 후 시신을 장례식장으로 운반하고, 장례에 필요한 장의 용품을 마련하고 장례식을 준비한다.

상주의 종교에 따라 제사 의식을 거행하며, 관을 장의차로 운반하고 관을 묻거나 화장을 지도한다.

장례 후 의례 안내, 묘를 다른 자리로 옮겨 다시 장사 지내는 이장에 관한 주선과 시행과 관련된 일을 한다.

장례 지도사는 한 사람의 인생을 마무리하는 과정의 전반을 책임지는 일을 하기 때문에 일을 하는 자체로서 보람을 느낄 수 있는 직업이다. 그러나 장례 지도사로서의 경력과 상관없이 시신을 다룰 때면 긴장되고, 시신에는 눈에 보이지 않는 균이 많기 때문에 항상 위생에도 신경 써야 하는 어려움이 있다. 유가족과 장례 절차를 논의하다 보면 가족 간의 말다툼이나 종교 갈등 때문에 곤란한 상황에 처할 때도 있다. 항상 죽음과 관련된 엄숙한 분위기 속에서 일해야 하는 어려움이 있고, 때로는 소중한 사람을 떠나보낸 슬픔으로 고통받는 유가족들의 요구 사항과 불만족으로 심한 스트레스를 받을 수도 있다.

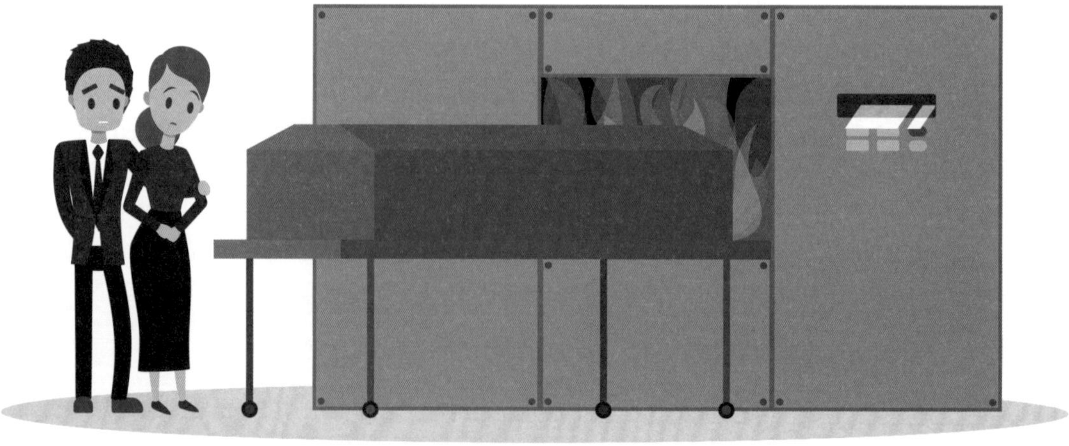

그것이 알고 싶다 장례 지도사 관련 자격증에 대해 알아볼까?

장례 지도사는 무시험 과정 이수형 자격 제도로 장례 지도사 자격증을 발급 받으려는 사람은 구비 서류를 갖추어 본인이 수료한 장례 지도사 교육 기관을 관할하는 시 · 도지사에게 자격증 발급 신청서 및 구비 서류를 제출하고, 시 · 도지사는 자격증 신청자의 요건(교육 수료, 결격 사유 등)을 심사한 후, 자격을 갖춘 자에게 자격증을 발급한다.

- **신규 대상자의 수료 기준:** 이론 강의 · 실기 연습 및 현장 실습을 각각 90% 이상 출석하고, 평가 점수가 과목별 60점 이상 시 수료한 것으로 인정한다.
- **실무 경험자의 수료 기준:** 기본 교육 과정 대상자는 기본 교육 과정 100% 출석 시 수료 인정, 경력자 교육 과정 대상자는 이론 강의 및 실기 연습을 각각 90% 이상 출석 시 수료한 것으로 인정한다.

3. 장례 지도사에게 필요한 능력

장례 지도사는 유족들이 신뢰할 수 있도록 장례 및 묘지에 대한 각종 행정 절차, 수시, 염습을 비롯한 시신 위생 처리, 예절과 예법 등에 대한 전문적 지식을 가지고 있어야 한다. 무엇보다 장례 지도사 전문 교육과 실습을 수료했어도 시신을 보고 공포감이나 정신적 스트레스를 받는다면 절대로 할 수 없는 일이므로 담력과 침착함, 꼼꼼함이 요구된다.

불행한 일을 당한 유족에 대한 친절한 서비스 정신과 의사소통을 원활히 할 수 있는 언어 능력, 원만한 대인 관계 능력을 갖추어야 한다. 다른 사람의 이야기를 들어주면서 공감할 줄 알아야 하고 타인의 입장을 이해할 수 있어야 한다. 그리고 언제 발생할지 모르는 장의 업무를 수행해 낼 수 있도록 강한 체력과 스트레스를 이겨 내는 능력이 요구된다.

4. 장례 지도사와 관련된 학과 및 자격증

- **관련 학과:** 장례지도과, 예식산업학과, 장례행정복지학과 등
- **관련 자격:** 장례지도사, 장례관리사, 장례전문지도사, 사회복지사 2급, 간호조무사, 요양보호사, 죽음준비교육지도자 등

5. 장례 지도사의 직업 전망

우리 사회는 급속한 고령화가 진행되고 핵가족화 되면서 편리하고 전문적인 장례 서비스에 관심을 갖고 상조회 등에 가입하는 사람들이 많아지고 있다. 최근에는 장의사와 염사를 합한 장례 지도사가 전문 직업화되고 소중한 사람을 잃은 고통을 느끼는 사람들을 도울 수 있는 직업으로 인식되면서 긍정적인 이미지로 바뀌고 있다. 대학의 관련 학과를 통해 장례에 대한 지식과 실무를 겸비한 젊은 인력들이 많이 배출되고 있다. 또한 대기업이 상조업체나 상조 보험 서비스에 진출하고 장례업체, 장례 용품 관련 업체가 증가하는 등 국내 상조 시장은 지속적으로 성장하고 있다.

상조업의 성장과 맞물려 취업난까지 겹치면서 '장례 지도사'에 대한 관심이 커지고 있으며, 미래 장례 분야에서도 정보 기술, 예술 분야가 접목될 수 있다면 새로운 방향으로 발전될 가능성도 있다.

Career Path
커리어 패스

장례 지도사

장례 지도사가 되기 위해서는 학력이나 전공에 제한이 없지만 장례 절차를 비롯한 각종 행정 절차, 시신 위생 처리 등에 관한 다양한 분야의 지식과 자격을 갖추어야 하므로 대학의 장례 관련 학과에 진학하여 장의업에 대한 전문적 교육과 훈련을 받는 것이 좋다.

장례 문화가 발달하면서 각종 장례 행정 절차나 시신 처리 등의 전문 지식과 기술을 체계적으로 교육하기 위해 대학에 장례 지도 관련 학과가 개설되어 있고, 교육 과정을 마친 후 장례 지도사로 진출하고 있다. 이외에도 평생 교육원에 개설된 장례 지도 과정을 수강하거나 4~5년 정도 장례 관련 실무 경험을 쌓은 후 장례 지도사로 진출하기도 한다.

장례 지도 관련 학과 졸업이 취업에 절대적인 영향을 주는 것은 아니지만 대학병원이나 국 · 공립 병원의 장례식장 취업 시 해당 학과 졸업 여부가 많은 영향을 미친다. 또한 장례 지도사 자격증과 더불어 고인을 모시는 운구차 운행을 위한 운전면허증이 있으면 취업에 유리하다.

장례 지도사는 현장 경험이 무엇보다도 중요하므로 병원의 장례식장, 상조업체 등에 취업한 이후에는 일정 기간동안 수습을 거치게 된다.

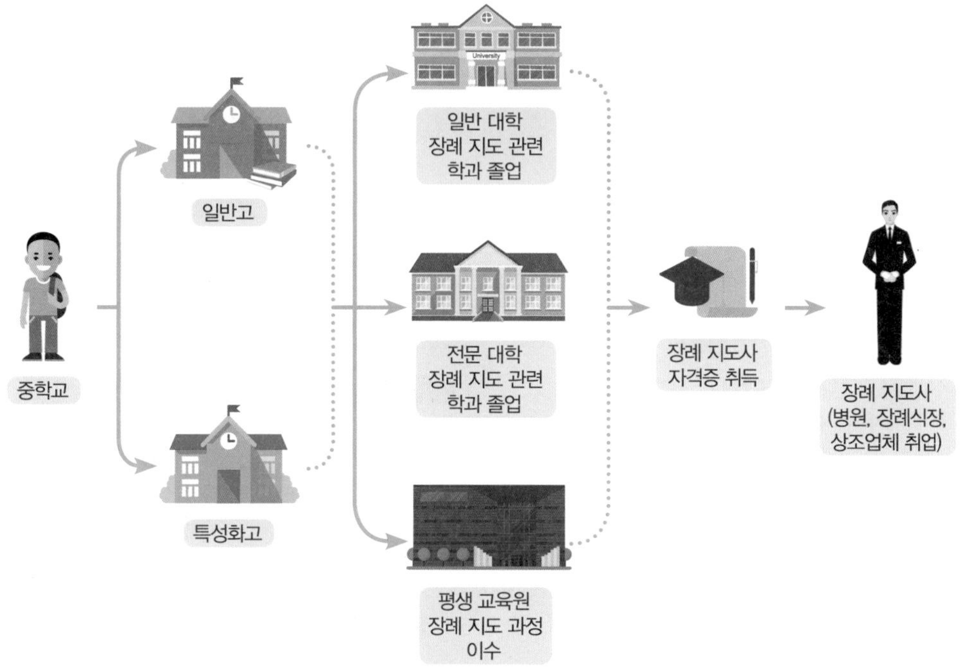

장례 지도사의 커리어 패스

대학교 관련 학과

장례지도과

학과 소개

장례지도과에서는 장례 서비스 전반에 대한 체계적인 교육과 장례 절차, 장례 관리, 장례 제도, 장례 상담 등에 대해 배운다.
공중 보건 향상에 이바지하고 바람직한 선진 장례 문화 정착에 기여할 수 있는 전문 장례 인력을 양성하는 데 목적이 있다.

적성 및 흥미

장례에 대한 두려움과 선입견 없이 꼼꼼하게 시신을 위생적으로 관리할 수 있어야 하며, 장례 절차에 대한 상담과 서비스를 제공해야 하므로 타인에 대한 따뜻한 관심과 인간과 생명을 존중하고 사랑하는 마음이 필요하다.
타인을 배려하는 태도를 갖추고 장례 절차 중 접할 수 있는 다양한 갈등 상황에 유연하게 대처할 수 있는 사람에게 적합하다.

진출 직업

장의업체 창업, 보건직 공무원,
시신 위생 처리사,
시신 처리(해부학 교실 등)
관련 교직원, 국공립 연구원,
장례지도과 관련 교수 등

자격 및 면허

장례지도사, 간호조무사,
사회복지사, 위생사 면허,
웰엔딩전문가, 시신위생처리사,
반려동물장례지도사,
과학수사전문가 등

진출 분야

★기업체★

장례식장, 상조회사, 장의업체, 이장업체, 장례 관련 서비스 업체, 장례 산업의 관련 시설 분야인 종합 장사 시설, 화장 시설과 묘원 시설 등

★정부 및 공공 기관★

국 · 공립 대학 병원의 장례식장, 지방 자치 단체 시설관리공단, 사회 복지 시설, 노인 장애인 종합 복지관, 요양 보호 시설 등

★기타★

국립과학연구소, 묘지관리소, 시신 처리(해부학 교실 등) 관련 교직원 및 국 · 공립 연구원 등

관련 학과

장례행정복지학과,
장례복지과, 장례서비스경영과,
예식산업학과 등

중·고등학교 학교생활 포트폴리오

★동아리 활동★

보건, 생물, 봉사와 관련한 동아리 활동을 통해 전공과 관련한 많은 경험을 쌓을 것을 추천한다.

★봉사 활동★

경로당, 요양원 등에서 지속적인 봉사 활동을 하는 것이 좋다.

★독서 활동★

철학, 신학, 상담, 생물 등 전공과 관련한 폭넓은 독서 활동을 권장한다.

★교과 공부★

국어, 한문, 역사, 윤리, 사회, 생물, 과학, 보건 등 관련 교과 실력 향상에 힘쓰고, 적극적인 수업 태도로 관련 분야 학업 역량을 발휘하도록 한다.

★교외 활동★

병원이나 보건 관련 기관 방문 및 상조 서비스업 직업 체험 프로그램에 적극 참여한다.

※인성 분야 수상과 사회, 생물 관련 교과 수상 경력, 자율 주제 탐구 대회에 참여하는 것도 도움이 된다.

SOCIAL • 사회형 S

16 직업 상담사

관련 학과
교육심리학과
136쪽

1. 직업 상담사의 세계

우리의 삶에서 직업은 생계유지의 수단이면서 자아를 실현하는 중요한 선택의 과정이다. 과거 사회에서는 한 사람이 하나의 직장에 취업을 해서 정년(직장에서 퇴직하도록 정해져 있는 나이)을 맞이하는 평생 직장 시대였다면, 현대 사회는 하나의 직업에 종사하지만 직장을 옮겨서 일하는 평생 직업 시대라고 할 수 있다. 그리고 요즘은 직업의 세계가 세분화되고 다양화되면서 직업을 선택하는 데 있어 어려움을 겪기도 하고, 고령화 사회가 진행되면서 개인의 경제 활동 기간도 연장되고 있다. 게다가 미래 사회에는 직장은 물론 종사하는 직업마저도 여러 번 바꿔 일해야 하는 평생 취업 시대가 될 것으로 전망된다.

이러한 직업 세계의 흐름에 맞춰 구직자나 미취업자에게 적절한 직업 정보를 제공하고, 직업 설계 및 직업 선택이나 구직 활동에 전문적인 도움을 제공하는 직업 상담사가 주목 받고 있다. 직업 상담사는 직업의 전환, 직업에 대한 적응, 개인적인 실업 및 퇴직 등의 과정에서 발생하는 여러 가지 문제에 대해 대처할 수 있도록 다양한 직업 정보를 제공하고, 직업과 관련된 각종 전문적인 상담을 진행하는 직업이다.

현대의 직장인들은 퇴직 이후에도 재취업을 위한 구직 활동에 많은 시간과 노력을 들이고 있다. 그러나 청년 실업률이 높은 상황에서 중·장년의 재취업 역시 힘든 과정을 거쳐야 한다. 이때 직업 상담사는 일자리를 구하려는 사람들을 위해 취업 관련 정보를 제공하고, 원하는 직업을 선택하기 위해 준비해야 할 사항들과 방법들을 알려준다. 또한 직업과 관련한 의사 결정을 하는 데 도움을 주고 직업 생활을 하면서 겪을 수 있는 문제를 예방하는 상담 활동도 수행한다. 그렇기 때문에 직업 상담사는 급격한 사회 변화에 맞춰 새로운 직업 세계나 직업 정보, 고용과 관련된 변화 흐름에 대해서 많은 정보를 탐색하고 직업과 관련된 모든 사항에 대해 끊임없이 탐구하는 자세가 필요하다.

현재 우리 사회는 취업이 힘들고 실업자가 늘어가는 상황이지만 직업의 종류는 다양해지고 있다. 자신에게 맞는 직업 정보를 원하는 사람들이 늘어남에 따라 직업 상담사의 역할은 더욱 중요해질 것이다.

그것이 알고 싶다 직업 상담사와 관련된 직업에 대해 알아볼까?

- **커리어 코치(career coach)**: 자신의 적성에 맞는 직업을 찾을 수 있도록 개인의 경력을 관리하거나 그 방법을 조언하는 직업으로 본인의 능력과 강점을 자세히 파악하게 하고 인생 목표를 설정하여 핵심 인재로 성장할 수 있도록 도와준다.
- **헤드헌터 (headhunter)**: 업체를 대신해 온라인 구인 공고를 대신 내 주거나 업체가 요구하는 기술이나 경력을 가진 고급 인재를 찾아내어 서로 연결시켜 주는 일을 전문적으로 한다.

2. 직업 상담사가 하는 일

상담의 기본 원리와 기법을 바탕으로 구인·구직 상담, 노동 법규, 직업 세계 등 직업 및 취업과 관련된 전반적인 정보를 수집하고 분석하여 제공한다. 직업 적성 검사, 흥미 검사 등을 실시하여 검사 결과를 올바르게 해석해 주는 일을 하고, 각종 직업 관련 상담과 직업 소개, 직업 관련 검사 실시 및 해석, 직업 지도 프로그램 개발과 운영, 직업 상담 행정 업무 등의 일을 수행한다.

직업 정보 관리, 상담 일지 작성, 상담자 관리 등의 업무를 담당하고 노동 관계 법규 등 직업과 관련된 일반적인 사항에 대한 직업 정보를 제공한다.

적성 · 흥미 등의 심리 검사 결과를 토대로 적절한 취업 및 직업 선택, 직업 훈련, 창업 상담, 직업 전환 상담, 은퇴 후 상담, 고용 보험 등에 대해 상담을 한다.

노동 시장에서 인력을 모집하고 구직자에게 적합한 일자리를 선별하여 소개하고 구인을 희망하는 업체에 적합한 인력을 공급한다.

장애자, 고령자 취약 계층에게 취업 기회를 제공하고, 구인난을 겪고 있는 기업에게 다양한 인력을 소개하기 위해 구인처 및 구직자를 개척하기도 한다.

청소년, 여성, 고령자, 실업자 등에게 알맞은 직업 지도 프로그램을 개발 · 실행하여 직업 의식과 자아 탐구, 자아 개발, 성취감 등을 발휘하도록 도와준다.

직업 정보 자료 수집을 위하여 직업 관련 기관과 협조하여 수집된 정보를 제공하고, 노동 시장 · 직업 세계 등의 다양한 정보를 수집하고 통계 및 내용을 분석한다.

직업 상담사는 일자리를 구하는 사람들이 어떤 직업을 선택해야 할지 모를 때, 함께 직업을 찾아가는 선택의 과정을 통해 구직자들이 원하는 만족스런 직업을 선택하도록 돕는다. 특히 사회 취약 계층인 노약자, 장애인 등에게 직업 정보를 제공하여 그들의 취업을 도울 때 보람을 느끼기도 한다. 그러나 상담 업무가 몰리는 취업 시기에는 수많은 구직자와 상담 및 행정 업무를 처리하다 보면 심신의 피로감을 많이 느낀다. 또한 직업 상담뿐만 아니라 취업 박람회 같은 각종 행사 등을 준비하고 진행할 때는 업무량이 가중되어 힘든 경우도 있다.

그것이 알고 싶다 직업 상담사 자격증에 대해 알아볼까?

직업 상담사 1급은 상담자의 직업을 심층 진단하여 상담해 주고, 직업 상담사 2급은 내담자의 일반적인 직업 상담을 수행한다. 1급 자격은 해당 종목의 2급 자격을 취득한 후 해당 실무에 3년 이상 종사한 자, 해당 실무에서 5년 이상 종사한 자, 대학을 졸업한 후 해당 실무에서 3년 이상 종사한 자, 전문 대학을 졸업한 후 해당 실무에서 4년 이상 종사한 자가 응시 가능하다. 2급은 학력, 성별, 연령, 경력 구분 없이 누구나 응시 가능하다.

3. 직업 상담사에게 필요한 능력

직업 상담사는 직업을 소개하여 채용으로 연결해 주는 것이 주된 업무이므로 상담자의 적성이나 흥미 등을 잘 파악하여 직업을 찾아줄 수 있어야 한다. 상담이 기본이 되기 때문에 사람에 대한 관심과 애정을 가지고 열정적으로 남을 도와주고자 하는 마음이 있어야 한다. 타인에 대한 배려심과 신뢰성을 바탕으로 상대방의 이야기를 잘 듣고 이해하고 공감하는 능력과 적절한 언어 표현 능력이 필요하다.

각종 진로 지도 프로그램을 운영하고 다양한 사람들과 업무를 수행하기 때문에 원만한 대인 관계 능력을 바탕으로 타인과의 의사소통도 원활해야 한다. 우리 사회가 다문화, 국제화 사회가 되면서 외국인을 대상으로 직업을 소개하는 사례도 많아지면서 다양한 외국어 능력도 갖추는 것이 좋다. 또한 인력을 적절하게 관리할 수 있는 능력과 협상 능력, 설득력, 문제 해결력이 요구되며, 어떤 일이든 서비스 정신을 가지고 적극적으로 해결해 나가려고 노력하는 사람에게 적합하다.

4. 직업 상담사와 관련된 학과 및 자격증

- **관련 학과:** 심리학과, 교육학과, 교육심리학과, 사회학과, 경영학과, 경제학과, 행정학과, 사회복지학과 등
- **관련 자격:** 직업상담사, 청소년지도사, 경영지도사 등

5. 직업 상담사의 직업 전망

4차 산업 혁명 시대가 도래하면서 지금 우리는 인공 지능과 로봇 등이 우리 생활에 영향을 끼치고 이로 인해 수많은 직업들이 대체될 것이라는 막연한 불안감을 가지고 있다. 그리고 미래에는 평생 직장이나 평생 직업이 아닌 평생 취업 시대를 준비해야 하는 시대가 되면서 개인에게 직업이 차지하는 의미는 점점 중요해지고 있다.

직업 상담사의 역할이 예전에는 단순히 일자리를 소개시켜 주는 업무에 그쳤다면 최근에는 이미지 컨설팅, 경력 관리, 이력서 작성, 면접 관리 등 취업을 위한 거의 모든 내용을 설계해 주는 업무로 활동 영역이 확장되고 있다. 고급 은퇴 인력, 기술 전문 인력 등 수요 분야 및 인력 특성에 따라 세분화되고 있으며 점점 역할이 전문화되고 있다. 또한 은퇴 이후에도 취업을 원하는 사람들이 증가하고 있으며, 외국인 인력 유입, 청년 실업자 증가, 경력 단절 여성 등 취업 및 진로 상담에 대한 요구는 꾸준히 증가하고 있다. 그리고 정부의 취업 지원 사업이 활성화되면서 일자리 센터에서의 인력 충원이 꾸준히 있어 공공 부문에서도 직업 상담사의 일자리는 증가할 것으로 전망된다.

커리어 패스

직업 상담사

직업 상담사가 되기 위해서는 구인, 구직 등에 필요한 직업 정보를 수집 · 분석하여 미취업자 및 구직자에게 제공하고 전문적인 컨설팅과 상담을 해야 한다. 상담, 사회와 인류, 심리, 경제, 교육 등 다양한 분야의 지식을 갖추어야 하므로 대학의 교육심리학과, 심리학과, 교육학과, 사회복지학과, 상담 관련 학과, 경영 · 경제학과 등 관련 학과를 졸업하는 것이 유리하다. 또한 사회 교육 기관의 직업 상담사 과정 및 사설 학원 등에서 직업 상담사 과정을 운영하고 있으며, 이곳에서도 직업 상담사 자격 취득이 가능하다.

고용노동부의 고용안정센터에서는 실업자를 위한 실업 급여 안내, 취업 알선 등과 관련한 업무를 수행할 직업 상담원을 채용할 경우 직업 상담사 자격증 취득자를 우선 채용하여 우대하고 있다. 직업 상담사 1급, 2급 자격을 취득한 경우 유료 직업 소개 사업 등록을 할 수 있고, 유료 직업 소개소의 직업 상담원 자격을 부여받을 수 있다.

직업 상담사는 고용노동부, 고용안정센터, 헤드헌터 업체, 인력 알선 업체, 직업 소개소, 공공직업 훈련기관, 각급 학교의 취업 지도실 등에서 근무할 수 있다.

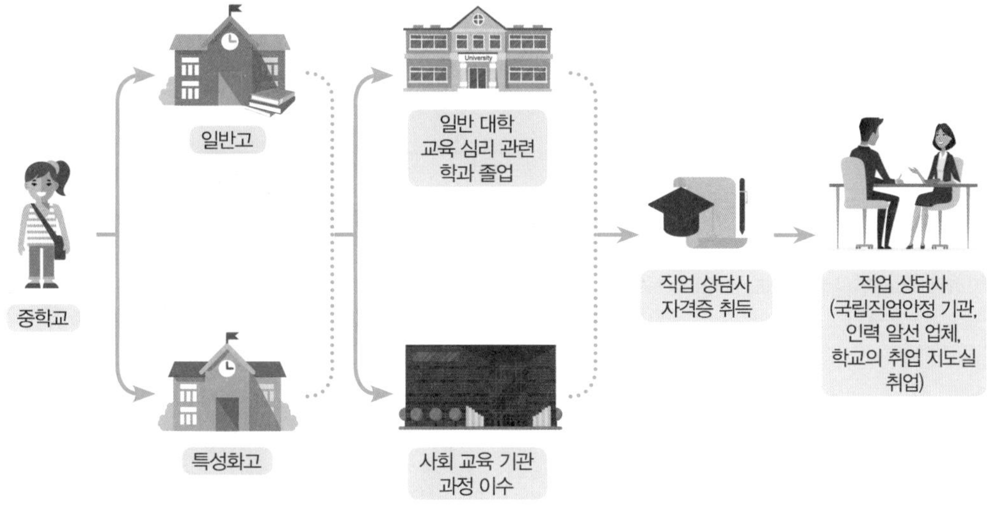

△ 직업 상담사의 커리어 패스

대학교 관련 학과

교육심리학과

학과 소개

교육심리학과에서는 학교와 사회 교육 기관을 포함한 각 분야의 전반적인 교육 현상에 대하여 심리학적 이론과 방법을 적용하여 연구하고, 교육 현장에서 응용하는 방법에 대해 공부한다.

교육 발전에 실질적으로 기여하며 기본적인 소양과 인격을 갖춘 교육자 및 상담 전문가를 양성하는 데 목적이 있다.

적성 및 흥미

평소 다양한 교육 현상과 인간 행동에 대한 관심을 가지고 교육학과 심리학 분야의 이론과 지식을 배우고자 하는 열정이 필요하다. 특히 심리학적 지식과 방법을 심도 있게 이해하고 교육이나 상담의 현장에 적용하는 데 필요한 지식과 실제적 경험을 습득하고자 하는 사람에게 적합하다.

진출 직업

심리학과 교수, 교도관, 교육학 연구원, 상담 전문가, 교육 정보 개발자, 심리학 연구원, 고용 지원 센터 공무원, 헤드헌터, 직업 소개소 창업 등

자격 및 면허

발달심리사, 상담심리사,
상담 전문 교사,
직업상담사 등

진출 분야

★기업체★
아웃소싱업체, 일반 기업 등

★정부 및 공공 기관★
사회 교육 기관 상담 기관, 시군구청 취업지원센터,
여성 고용 지원 센터, 직업 전문 학교 공공 직업 교육,
복지관, 고령자 인재은행, 대학취업지원센터,
의료 기관 등

★기타★
상담 · 임상 심리 전문직, 교육 · 심리 전문직,
측정 · 평가 전문직, 교직, 교육 기관,
연구 기관 등

관련 학과

아동보육상담학과,
교육학과, 사회복지학과,
심리학과 등

중·고등학교 학교생활 포트폴리오

★동아리 활동★

교육, 상담과 관련한 동아리 활동을 통해 전공과 관련한 많은 경험을 쌓을 것을 추천한다.

★봉사 활동★

사회 복지 기관, 상담 관련 기관 등에서 지속적인 봉사 활동을 권장한다.

★독서 활동★

교육, 심리, 인문, 수학, 과학, 윤리 관련한 폭넓은 독서 활동을 하는 것이 좋다.

★교과 공부★

국어, 수학, 영어, 사회, 과학 등 관련 교과 실력 향상에 힘쓰고, 적극적인 수업 태도로 관련 분야 학업 역량을 발휘하는 것이 좋다.

★교외 활동★

상담 관련 기관 방문 및 상담사 직업 체험 프로그램에 적극 참여한다.

※인성 분야 수상과 영어, 수학 관련 교과 수상 경력, 토론, 논술 관련 대회에 참여하는 것도 도움이 된다.

17 파티 플래너

관련 학과
파티플래너과
144쪽

1. 파티 플래너의 세계

파티 문화는 서양에서 유입되었지만, 우리 문화에도 특별한 날에 음식을 준비하여 이웃들과 나눠 먹고 모두 모여서 즐기는 '잔치'라는 전통적인 문화가 있어 파티가 그렇게 낯설지만은 않은 문화이다.

서양의 문화라고 생각하던 파티를 이제는 우리의 일상 속에서 쉽게 접하곤 한다. 예를 들어 브라이덜 샤워(bridal shower) 파티란 결혼식을 앞둔 신부를 선물과 수다로 샤워시킨다는 뜻에서 유래한 것으로 신부의 친구들이 선물을 가지고 모여 축하하는 서양 풍습에서 비롯되었다. 신부가 사전에 원하는 선물 목록을 만들면 친구나 지인들이 선택하여 선물하는 방식으로 파티가 열린다. 또한 출산이 임박한 임산부나 갓 태어난 신생아를 축하해 주는 베이비 샤워(baby shower) 파티, 아이들이 괴상한 복장과 분장을 하고 이웃집을 돌아다니며 음식을 얻어먹는 핼러윈 파티, 연말의 크리스마스 파티까지 다양한 모임들이 파티 형태로 열리고 있다.

이처럼 '파티'를 통한 모임이나 행사가 대중화되면서 콘셉트에 따라 파티를 기획하고 음식, 조명, 음악 등 세부적인 부분까지 챙겨주는 파티 전문가를 찾는 수요가 늘고 있다. 다양한 모임이나 행사가 성공적으로 열릴 수 있도록 모든 과정을 준비하고 지휘하는 사람이 바로 파티 플래너다. 파티 플래너란 '파티(party)'와 기획자를 뜻하는 '플래너(planner)'를 합친 말로 '파티를 기획하는 사람'을 의미한다.

파티가 성공적으로 진행될 수 있는지를 결정하는 가장 중요한 요소는 바로 파티에 참석하는 사람들이다. 파티에서 처음 보는 사람에게도 마음을 열고 다가가 말을 걸 줄 아는 사람이 많을수록 파티는 즐거워진다. 파티 진행도 파티 플래너의 역할이므로 파티 플래너는 파티가 끝날 때까지 행사장을 지키며 모든 것을 지휘한다. 또한 파티 플래너는 참석자들의 프로필을 기억하고, 참석자 간의 소개와 대화를 이끌어야 한다. 참석자들이 제 시간에 다 도착할 수 있을지, 화재 같은 위험한 상황이 없을지, 그리고 음식과 음식의 서빙 상태, 음악 등 파티를 진행하는 데 부족한 것은 없는지 전부 확인해야 한다. 파티가 끝나면 참석자들에게 감사 편지를 보내기도 하고, 파티의 성공적인 진행 여부와 참석자들의 반응을 분석하기도 한다.

파티 플래너는 파티의 화려함만 생각하고 일을 시작했다가 엄청난 노동량에 질려 금방 그만두는 사람도 많기 때문에 파티 플래너에게 강한 체력은 필수이다. 또한 파티 플래너는 사회성과 배려심을 바탕으로 조명팀, 연주팀, 연출팀 등 다양한 사람들과 협업하여 파티를 완성해야 한다. 여가 활동의 중요성이 커지고 파티 문화를 접하는 사람들이 많아지면서 파티 플래너의 역할도 확대되고 있다.

그것이 알고 싶다 파티 플래너와 관련된 직업에 대해 알아볼까?

- **파티 스타일리스트:** 파티 플래너의 기획안을 실행에 옮겨 파티가 열리는 공간을 꾸미는 역할을 한다. 디자인의 한 분야로 업무 영역이 단순하게 스타일링만 하는 것이 아니라 조명, 테이블 세팅, 음악, 꽃 장식 등 행사장 연출을 위해 관련 업체들과 협업하며 소통하는 일을 한다.
- **플로리스트:** 꽃을 목적에 따라 보기 좋게 꾸미는 일을 하는 사람으로 파티나 예식장처럼 꽃을 필요로 하는 곳에서 꽃을 디자인하는 일을 한다. 흔히 꽃으로 작품을 만드는 것만 생각하는데, 행사장의 콘셉트와 분위기를 정하고 이에 맞는 꽃을 구입하는 것, 생화를 관리하고 작품을 만들어 포장하는 일도 한다.

2. 파티 플래너가 하는 일

파티 플래너는 파티의 총책임자이자 기획 연출자로 모임에 맞는 효율적인 파티 진행을 위해 기획 · 운영 · 연출 · 홍보 등 파티의 전체 과정을 총괄하며, 파티가 즐겁고 안전하게 끝날 수 있도록 전체 과정을 관리한다.

- 파티를 의뢰한 고객과 만나 파티의 주제 및 구성에 대해 논의한 후 기획안을 작성하여 고객에게 제출한다.
- 파티의 성격과 목적에 맞는 관련 정보를 모아 파티 장소를 정한다.
- 파티의 규모와 비용에 맞게 예산을 짜고, 인테리어, 프로그램, 일정 등의 계획을 세운다.
- 초청 대상자의 참석 여부를 확인해 초대장을 보내고, 파티 당일 준비 사항을 점검해 파티를 진행한다.

- 규모가 큰 파티의 경우 조명 · 음향 · 무대 등의 특수 효과와 파티 음식, 파티장 장식 등의 세부 계획을 세우고, 댄스팀, 연주팀과 같은 공연팀을 섭외한다.
- 음식, 음악, 조명, 프로그램 상황 등 세부적인 진행 사항을 수시로 점검하고, 초대된 사람들이 불편한 점은 없는지 살핀다.
- 파티가 끝난 후 마무리하고, 초청자 리스트 등의 결과 보고서를 고객에게 제출한다.

파티 플래너는 고객과 파티의 성격이 계속 바뀌므로 진행하는 일이 지루하지 않고 늘 새로운 상황에 도전한다는 마음으로 일할 수 있다. 그러나 파티를 기획하고 운영 · 관리하기까지 다양한 업무를 진행해야 하고 수많은 사람들을 대해야 하므로 정신적 · 육체적으로 어려움이 있고, 간혹 예민한 고객을 만나면 설득하기가 힘든 면이 있다. 개인적인 파티는 주로 저녁이나 주말에 열리기 때문에 파티 플래너는 불규칙한 생활을 하는 경우가 많다. 또한 파티가 진행되는 동안 갑자기 어떤 일이 벌어질지 모르게 때문에 항상 긴장의 끈을 놓을 수 없다는 어려움이 있다.

그것이 알고 싶다 '드레스 코드'에 대해 알아볼까?

드레스 코드(dress code)란 파티 참석자가 갖추어야 할 옷차림새를 뜻하는 말로 특별히 요구되는 드레스 코드가 없다면, 참석하는 파티의 주제에 맞게 편한 옷차림으로 준비하면 된다. 드레스 코드를 무시하고 파티에 참석하는 것은 초대해 준 사람에 대해 예의에 어긋나는 일이 된다.

3. 파티 플래너에게 필요한 능력

파티 플래너는 파티를 의뢰하는 다양한 분야의 사람들을 만나기 때문에 정치, 사회, 예술 등 여러 분야의 지식을 폭넓게 가지고 있어야 한다. 색다르고 특별한 파티가 될 수 있도록 최신 유행에도 민감해야 하며, 대중 문화를 앞서 읽어 내는 능력이 필요하다. 기획력, 공간 연출 감각과 미적 감각, 음악, 음식, 패션 등 다양한 분야의 관심과 능력도 요구된다. 파티의 중심은 바로 사람들이므로 사람과 만나는 것을 좋아해야 하며, 다양성을 존중하는 열린 마음으로 사람을 대하고 사교적인 사람에게 적합하다. 파티에 참석한 사람들이 즐거움을 느낄 수 있도록 타인에 대한 따뜻한 관심과 배려하는 자세로 참석자들을 꼼꼼히 살펴야 한다.

파티는 실시간 진행되는 행사이므로 현장의 각종 돌발 상황에 신속하게 대처할 수 있는 위기 대처 능력과 순발력, 판단력, 재치도 요구된다. 매번 다른 이벤트를 기획하고 준비해야 하므로 새로운 것에 관심이 많고 상상력이 풍부하고 창의적이고 섬세해야 한다. 파티 플래너의 업무는 실무 경험이 무엇보다 중요하므로 현장에서 파티가 어떻게 진행되는지 현장 감각을 충분히 익혀야 한다. 파티는 대부분 팀을 구성하여 진행되므로 파티 플래너는 총책임자로서 리더십도 있어야 한다.

4. 파티 플래너와 관련된 학과 및 자격증

- **관련 학과:** 파티플래너과, 이벤트연출과, 파티이벤트과, 컨벤션이벤트학과, 문화관광이벤트과, 공연연출학과, 방송 · 연예과, 경영학과 등
- **관련 자격:** 파티플래너, 화훼장식기능사, 푸드코디네이터, 조리기능사, 제과제빵기능사, 슈가크래프트(sugarcraft), 풍선아트지도사 등

5. 파티 플래너의 직업 전망

파티 플래너는 파티 컨설팅 회사에 입사하여 활동하거나 창업을 할 수도 있고, 프리랜서로도 활동할 수 있다. 최근 파티 문화가 점차 대중화되고 사람들의 여가 활동이나 레저 활동이 늘어나고 있으며, 각 지방 자치 단체의 지역 축제도 자주 개최되면서 파티 산업도 확대되고 있다. 또한 소규모 가족 모임에서부터 백일잔치, 돌잔치, 부모님들의 칠순이나 팔순잔치, 웨딩 파티 등 다양한 파티가 열리고 있어 전문적인 서비스를 원하는 사람들이 많아지고 있다. 그리고 국내외 행사나 전시회, 이벤트 산업의 증가와 함께 기업 브랜드의 이벤트, 국가 단위 페스티벌, 컨벤션 등 대규모의 행사를 진행할 수 있는 파티 플래너에 대한 관심도 증가하고 있다.

기업에서는 고객들을 위한 사은 행사로 파티를 열거나 신제품을 출시할 때 파티를 열어 제품을 홍보하면서 파티를 통한 소통과 마케팅도 본격화하고 있다. 또한 각종 축제나 영화제 같은 경우에는 리셉션(어떤 사람을 환영하거나 어떤 일을 축하하기 위하여 베푸는 공식적인 모임) 파티가 있어 파티 플래너의 수요는 점점 늘어나고 있다.

파티 플래너는 고객과 참가자의 감성을 다루고, 그들의 반응에 융통성과 창의력을 가지고 대처해야 한다. 그러므로 인공 지능이 보편화되는 미래에도 대체가 불가능한 미래 직업이라고 할 수 있다.

Career Path 커리어 패스

파티 플래너

파티 플래너는 파티 진행을 위하여 기획 · 운영 · 연출 · 홍보 등 파티의 전체 과정을 총괄해야 하므로 공간 연출 감각과 디자인, 음악, 음식, 패션, 마케팅, 고객 서비스 등의 다양한 분야의 지식을 필요로 한다.

대학에서 파티플래너과, 이벤트연출과나 홍보 관련 학과 등을 전공하면 파티 플래너로서 활동하는 데 도움이 된다. 이벤트 연출 관련 전공을 하면 추천을 통해 이벤트 업체, 파티 및 공연 연출 업체 등 관련 업계로 진출하기가 쉽다. 파티 플래너 중에는 미술 관련 학과를 전공한 사람도 많은 편이다.

최근 파티에 대한 관심 증가로 대학의 평생교육원, 관련 협회의 평생교육기관, 사설학원에서도 파티 플래너 과정을 많이 개설 및 운영하고 있으며, 우수 교육 수료생들에게 취업, 창업, 프리랜서 활동을 지원하기도 한다. 하지만 파티 플래너가 되기 위해서는 자격증 자체보다는 교육 기관에서의 교육과 현장 실무를 얼마나 제대로 경험했고, 또 실무에 적용할 수 있느냐가 더 중요한 판단 기준이 된다. 실무 경험이 매우 중요하므로 파티를 주관하는 파티 전문 회사에서 아르바이트나 인턴으로 일하며 직접 실무 경험을 쌓는 것도 좋은 방법이다.

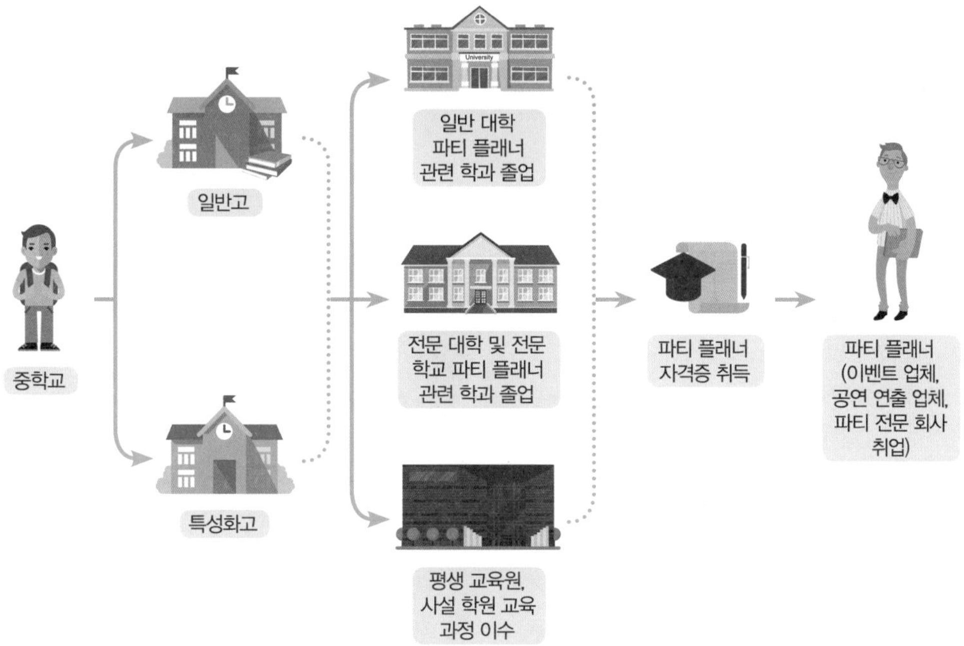

△ 파티 플래너의 커리어 패스

대학교 관련 학과

파티플래너과

학과 소개

파티플래너과에서는 파티의 기획과 연출, 진행 그리고 마케팅에 관한 전반적인 내용을 다루며 이론과 실습을 병행하여 체계적으로 배운다.
직접 파티를 기획하고 진행하는 실무 · 실습 과정을 체계적으로 교육하여 현장에서 파티 전문가로서 주도적 역량을 발휘할 파티 플래너를 양성하는 데 목적이 있다.

적성 및 흥미

사람을 좋아하고 새로운 환경에 잘 적응하며 다양한 일에 관심이 많은 사람에게 적합하며, 다양한 아이디어를 통해서 즐거운 모임을 기획하는 것을 좋아하는 사람에게 유리하다.
글로벌한 견문을 가지고 세계 시장에서 활동하기 위해 외국어 능력과 다양한 분야의 기술이 필요하다.

진출 직업

파티 플래너, 웨딩 플래너, 이벤트 전문가, 전문 MC, 홍보 전문가, 공연 기획자, 광고 기획자, 행사 기획자, 여행 상품 기획자, 회의 기획자 등

자격 및 면허

파티플래너, 레크리에이션 지도자,
컨벤션기획사, 화훼장식기능사,
푸드코디네이터, 제과제빵기능사,
컬러리스트 기사, 유통 관리 기능사,
슈가크래프트, 풍선 아트지도사,
한식 조리사, 양식 조리사 등

진출 분야

★기업체★
파티 업체, 기획회사, 광고 대행사,
마케팅 업체, 이벤트 업체 등

★기타★
해외 취업, 이벤트 업체 창업 등

관련 학과

웨딩산업과, 웨딩이벤트과,
이벤트과, 전시이벤트연출과,
이벤트연출학과, 문화관광이벤트과,
공연연출학과, 방송 · 연예과,
광고 · 홍보학과 등

중·고등학교 학교생활 포트폴리오

★동아리 활동★

이벤트, 예술, 방송, 외국어와 관련한 동아리 활동을 통해 전공과 관련한 많은 경험을 쌓을 것을 추천한다.

★봉사 활동★

학교나 지역 사회 축제 도우미 활동 등에서 지속적인 봉사 활동을 하는 것이 좋다.

★독서 활동★

인문, 예술, 마케팅, 서비스 등 전공과 관련한 폭넓은 독서 활동을 권장한다.

★교과 공부★

영어, 국어, 사회, 미술, 음악 등 관련 교과 실력 향상에 힘쓰고, 적극적인 수업 태도로 관련 분야 학업 역량을 발휘하는 것이 좋다.

★교외 활동★

이벤트 관련 기관 방문 및 스타일링, 파티 관련 직업 체험 프로그램에 적극 참여한다.

※국어, 외국어 관련 교과 수상 경력과 리더십 수상 경력이 있으면 도움이 된다.

18 한의사

관련 학과
한의학과
152쪽

1. 한의사의 세계

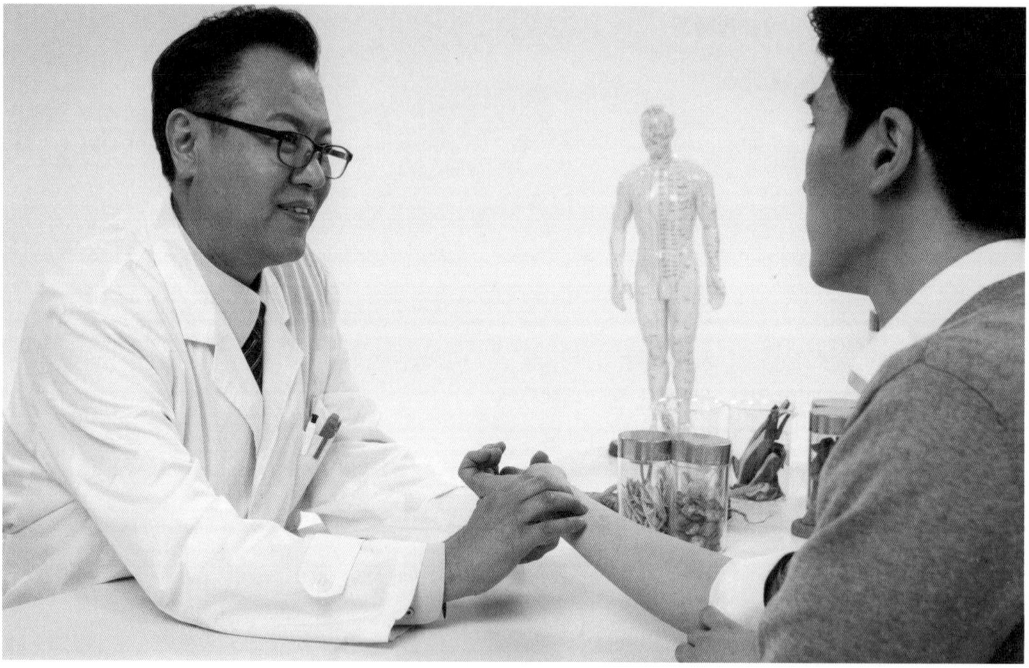

서양 의학이 도입되기 전 우리나라는 고대부터 전해져 내려온 동양 의학인 한의학으로 오랫동안 질병을 치료해 왔다. 우리 선조들의 지혜가 담긴 한의학은 일본 등 주변 국가에 영향을 끼치며 발전해 왔다. 조선시대 선조 때 허준(許浚)은 중국과 우리나라의 의학 서적을 집대성(여러 가지를 모아 하나의 체계를 이루어 완성함)하여 '동의보감(東醫寶鑑)'을 저술하였다. 이 책은 동양에서 가장 우수한 의학서 중 하나로 평가되고 있으며, 2009년에는 유네스코 세계 기록 유산으로 지정되었다.

한의학에서는 환자가 병에 걸리게 된 근본적인 원인을 찾아내서 해결하는 데 집중한다. 그 이유는 질병의 근본적인 원인을 해결하지 않으면 증상이 계속 반복된다고 보기 때문이다. 그리고 환자의 상태를 제대로 파악하기 위해 관찰과 대화를 무엇보다 중요하게 생각하고 환자를 살핀다. 또한 한의학에서는 질병이 발생하는 요인을 주로 사람의 기운, 즉 정기(正氣)가 허약해져서 질병에 걸린다고 여겼다. 이러한 한의학을 기반으로 질병의 근본적인 원인을 파악하여 질병을 치료하고, 건강을 지켜 주는 전문가가 바로 한의사이다. 한의사는 한방 의료 기술을 바탕으로 환자의 질병을 진단하고 치료하기 위해 인체의 특징, 동양 사상에 대한 폭넓은 이해가 필요하며, 많은 양의 한의학 지식을 쌓아야 하기 때문에 우수한 학습 능력을 갖추어야 한다.

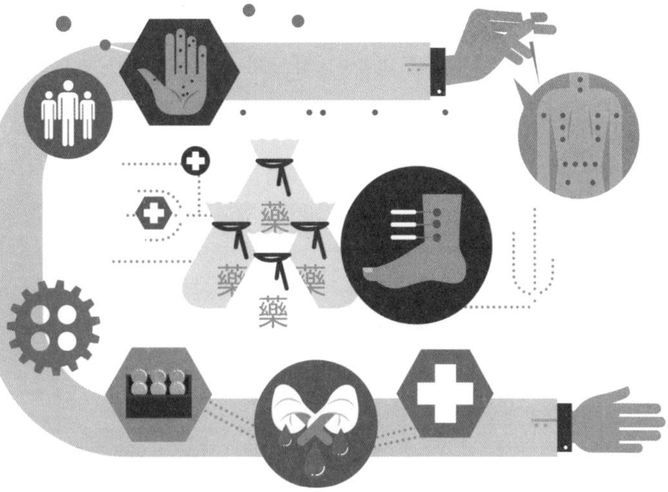

한의사는 단순히 질병을 치료하는 것으로 끝나는 것이 아니라, 사람의 생명을 다루는 일을 하기 때문에 다른 사람의 아픔을 자신의 아픔처럼 느낄 줄 알아야 하고 봉사하는 마음을 가지고 있어야 한다.

한의사는 환자를 치료하고 나아지는 모습을 보면서 많은 보람과 긍지를 가질 수 있고 직업에 대한 만족도도 높은 편이다. 현대 의학과 다른 방식으로 질병을 치료하는 한의학은 세계적으로도 주목받고 있다.

그것이 알고 싶다 한의학과 현대 의학의 차이에 대해 알아볼까?

한의학과 현대 의학은 모두 아픈 사람을 낫게 해 주는 의학이라는 공통점이 있지만 아픈 원인을 다른 시각에서 바라보기 때문에 치료 과정이 다르다.

- **한의학:** 병에 걸린 근본 원인을 찾기 위해서 병에 걸린 부위뿐 아니라 신체를 종합적으로 살펴보며, 신체 기관 하나하나가 균형을 이루는 것이 중요하다고 여긴다. 한의학의 치료 원리는 병균을 없애 주는 것이 아니라 그 병균에 대항할 기운을 채워 주는 것이다.
- **현대 의학:** 소아과, 내과, 외과 등의 병원에서 이루어지는 치료를 말한다. 의사가 청진기로 몸속의 소리를 듣거나 엑스레이 촬영으로 몸속을 살핀 뒤 주사를 놓고 약을 처방해 주는 것이다. 주로 세균이나 바이러스 등 병균의 침입으로 몸에 이상이 생긴다고 보고 바이러스와 병균을 없애는 것이 치료 원리이다.

2. 한의사가 하는 일

한의사는 한방 치료술인 한약과 침술, 열 자극을 주는 뜸, 나쁜 피나 고름을 제거하는 부황, 비뚤어진 뼈를 밀고 당겨서 체형을 바르게 교정하는 추나요법 등 한방 의료 원리 방법을 활용한다. 이러한 방법을 기본으로 질병을 진료하고 예방하여 면역력을 증진시키고, 몸을 건강하게 유지할 수 있도록 돕는 일을 수행한다.

환자가 호소하는 증상의 원인을 판단하기 위해 생활에서의 특이점이나 환자가 겪는 고통이 무엇인지 자세히 물어보고 질병의 원인을 파악한다.

환자의 나이와 체질 및 상태에 따라 한약을 처방한다.

침, 뜸, 부항 등의 치료 방법으로 기운이 순환하는 경락과 경혈, 근막 등을 자극하여 환자의 기운을 돋운다.

환자의 얼굴색, 눈동자, 피부 윤기, 혀 등을 관찰하고, 환자의 맥박 횟수, 형태, 강약 등을 확인해 환자의 아픈 곳을 파악하고 몸 상태를 진단한다.

새로운 치료법을 익히고 연구하기 위해 한의학 관련 학회에 적극적으로 참여하고 끊임없이 공부해야 한다.

한의사는 다른 직업에 비해서 나이가 들어도 오랫동안 전문가로 활동할 수 있는 평생 직업이라는 장점이 있다. 침술이나 뜸 등의 치료법에 숙련될수록 직업 활동에 유리하

므로 오랜 경력과 경험이 직업 활동에 도움이 된다. 그러나 한방 치료는 환자의 증상을 치료하면서 그 증상의 원인을 없애고자 하므로 그 치료 과정이 길며, 이러한 치료 방법과 과정을 환자에게 이해시키기가 힘든 측면이 있다. 그리고 신약 개발과 현대 의학 기술의 발전, 홍삼과 같은 건강 보조 식품의 대중화로 한의사가 해야 할 역할이 조금씩 줄어들고 있다는 측면도 있다.

3. 한의사에게 필요한 능력

한의사는 사람의 생명과 건강을 다루는 일을 하기 때문에 기본적으로 사명감을 가져야 하며, 긴 진료 과정 동안 환자가 치료를 포기하지 않도록 격려해야 하므로 책임감을 느끼고 일해야 한다. 환자를 치료하기 위해서는 병의 다양한 증상과 치료 방법을 잘 알아야 하고, 진단과 치료 방법을 결정하는 과정에서 실수하지 않기 위해 자격 취득 후에도 한의학 관련 지식을 꾸준히 공부해야 한다.

한의사는 환자를 진단하기 위해 맥박을 확인해야 하며, 진단 결과에 따라 아픈 부위를 찾아서 정확히 침을 놓거나 추나요법 등으로 치료한다. 그러므로 예민한 손 감각과 정교한 동작이 매우 중요하다. 그리고 환자에게 생긴 질병의 원인을 파악하려면 질병이 생긴 시기와 상태, 치료 경과와 현재 증상 등을 잘 살피고 질문을 통해 원활한 의사소통을 하고 환자를 제대로 파악하는 능력이 필요하다. 한의학을 공부하려면 대부분 한자로 되어 있는 한의학 책을 봐야 하므로 한자 실력도 필수다.

4. 한의사와 관련된 학과 및 자격증

- **관련 학과:** 한의학과, 한의예과 등
- **관련 자격:** 한의사 등

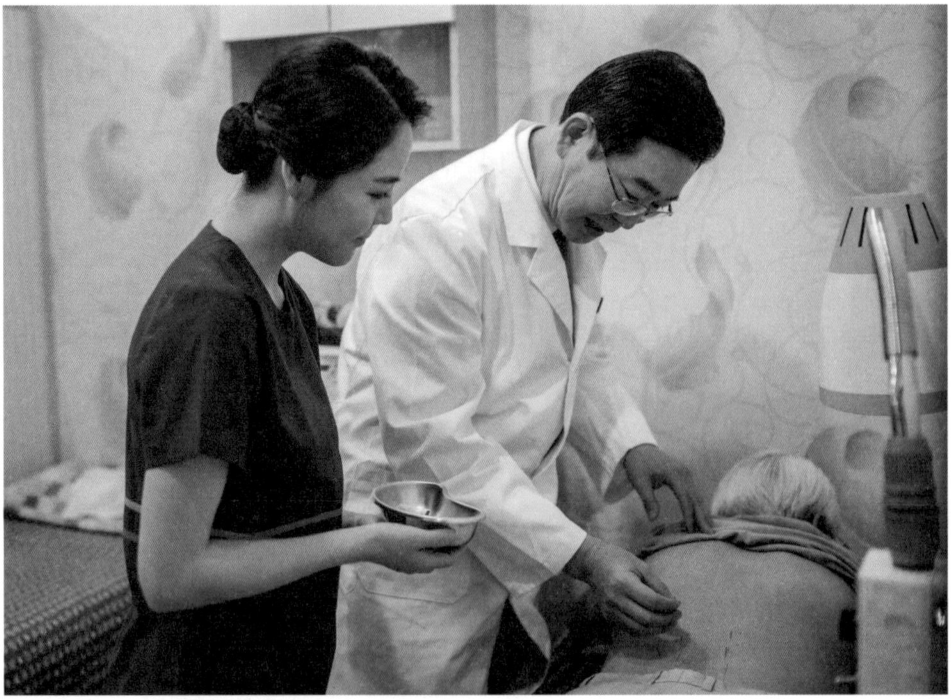

5. 한의사의 직업 전망

고령 인구가 늘어나고 생활환경이 복잡해지면서 건강에 대한 관심이 늘어나면서 질병에 대한 인체의 저항 능력을 강화시키는 한의학이 주목받고 있다. 또한 보건 의료 서비스에 대한 욕구가 증가하면서 환자의 질병 치료뿐만 아니라 질병을 예방하기 위한 비만 관리, 아토피 개선, 스트레스 감소, 금연 치료 등 다양한 영역에서 한의학이 영향을 끼치고 있다.

바쁜 일상과 각종 스트레스로 고통받는 현대인들에게 한의학은 자연 친화적으로 질병을 치료하는 방법으로 자리 잡았으며 치료법도 다양화, 전문화되고 있다. 또한 한의사도 의사와 마찬가지로 전문의 제도가 시행되면서 한방내과, 한방부인과, 한방소아과, 한방신경정신과, 침구과, 한방안 · 이비인후 · 피부과, 한방재활의학과, 사상체질과 등 총 8과의 전문 분야로 구분되어 환자의 증상에 맞는 치료를 받을 수 있다.

한의학이 자연주의 치료법과 대체 의학으로 주목받으면서 외국에서도 서양 의학의 문제점을 보완하는 연구로 한의학에 관심을 보이고 있다. 이처럼 세계적으로 동양 의학에 대한 관심이 커지면서 한의사를 필요로 하는 곳이 많아지고 있으며, 한의사들이 미국이나 유럽 등 다른 나라로 진출하는 경우도 늘어나고 있어 한의사의 직업 전망과 선호도는 높아질 전망이다.

Career Path
커리어 패스

한의사

한의사가 되기 위해서는 한약과 침술 등을 동원하여 환자의 상태를 확인하고 치료해야 하므로 미생물학, 한방생리학, 침구학, 본초학뿐만 아니라 해부학 등 한방에 필요한 다양한 분야의 지식과 임상 실습을 통해 자격을 갖추어야 한다.

한의사로 활동하기 위해서는 한의사 국가고시에 응시하여 한의사 면허를 취득해야 한다. 한의사 국가고시 응시 자격을 얻으려면 한의예과 2년, 한의학과 4년 등 총 6년 동안 한의학에 대한 이론과 실기를 공부하거나 일반 대학 졸업 후 한의학 전문 대학원에 입학하여 석사를 취득해야 한다. 한의학 전문 대학원은 국가 공인 한자 능력 자격증과 대학 성적, 면접, 필수 과목 이수 등 요건이 엄격하므로 미리 준비해야 한다.

한의사 국가고시에 합격하면 한의사 면허를 취득할 수 있고, 이후 한의원을 개업하거나 한방 종합병원, 국립 의료원, 한의학 관련 연구소 등에서 한의사로 근무할 수 있다.

한의사가 된 후 다시 1년 간의 인턴 과정과 3년 간의 레지던트 과정을 거쳐 전문 한의사 시험에 합격하면 전문 한의사가 될 수 있다. 전문 분야로는 한방내과,한방부인과, 한방소아과, 한방신경정신과, 침구과, 한방안 · 이비인후 · 피부과, 한방재활의학과, 사상체질과 등이 있다.

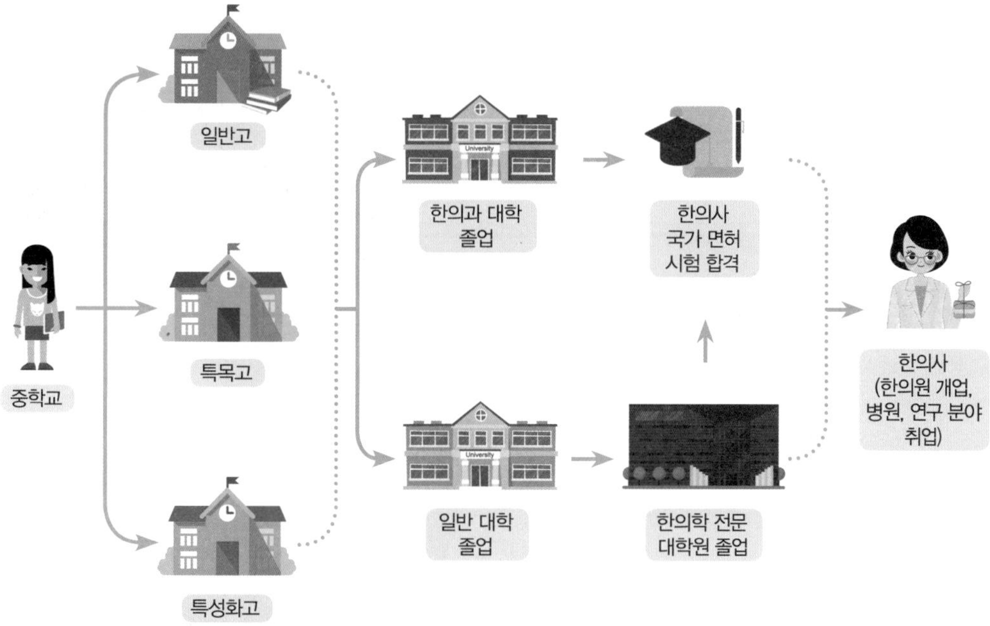

△ 한의사의 커리어 패스

대학교 관련 학과

한의학과

학과 소개

한의학은 전통적인 동양 사상을 계승하고 현대 과학과 의학적 사상을 융합하는 특성을 가진다.

한의학과는 전통 의학의 지혜, 지식, 기술을 계승함으로써 한의학 발전과 국민 보건 향상에 기여하는 한의사를 양성하는 데 목적이 있다.

진출 직업

한의사 개원의, 수련의, 보건소 의료직, 한방 군의관, 의료 전문 기자, 한의학과 교수, 한의학 연구원 등

적성 및 흥미

생명에 대한 탐구 정신이 있어야 하며, 동양 사상에 대한 폭넓은 이해와 이과적 기본 지식을 갖추어야 한다.

또한 남을 배려하고 책임감을 가져야 하며 예민한 손 감각과 정교한 동작, 의사소통 능력을 갖춘 사람에게 적합하다.

자격 및 면허

한의사 면허(전문의 분과: 한방내과, 한방부인과, 한방소아과, 한방신경정신과, 침구과, 한방안 · 이비인후 · 피부과, 한방재활의학과, 사상체질과) 등

진출 분야

★정부 및 공공 기관★

국립의료원, 보건 복지부 보건 행정직, 보건소, 국립재활원 보건 의료직, 국군병원 보건 의료직, 한방병원의 수련의 과정, 양방 종합 병원의 한방과, 종합 병원의 한방진료부 취업 등

★연구소★

한의학 관련 연구소, 식품 및 제약 관련 연구소 등

★기타★

한의원 개원, 한의 전문 대학원, 의학 전문 대학원, 약학 대학원 진학 등

관련 학과

한의예과, 한의학과 등

중·고등학교 학교생활 포트폴리오

★동아리 활동★

보건, 과학, 봉사 동아리 활동을 통해 전공과 관련한 많은 경험을 쌓을 것을 추천한다.

★봉사 활동★

지역 보건소, 사회 복지 기관 등에서 지속적인 봉사 활동을 하는 것이 좋다.

★독서 활동★

수학, 과학 등 이과 과목뿐만 아니라 윤리, 동양 철학 등 인문학과 관련한 폭넓은 독서 활동을 권장한다.

★교과 공부★

국어, 영어, 수학, 사회, 과학, 한문 등 교과 실력 향상에 힘쓰고, 적극적인 수업 태도로 관련 분야 학업 역량을 발휘하는 것이 좋다.

★교외 활동★

병원 체험 프로그램 참가, 한의약 박물관 관람 등 한의학 관련 기관 방문 및 직업 체험 프로그램에 적극 참여한다.

※인성 분야 수상과 수학, 과학 관련 교과 수상 경력, 보건 관련 프로젝트에 참여하는 것도 도움이 된다.

19 호스피스

관련 학과
간호학과
160쪽

1. 호스피스의 세계

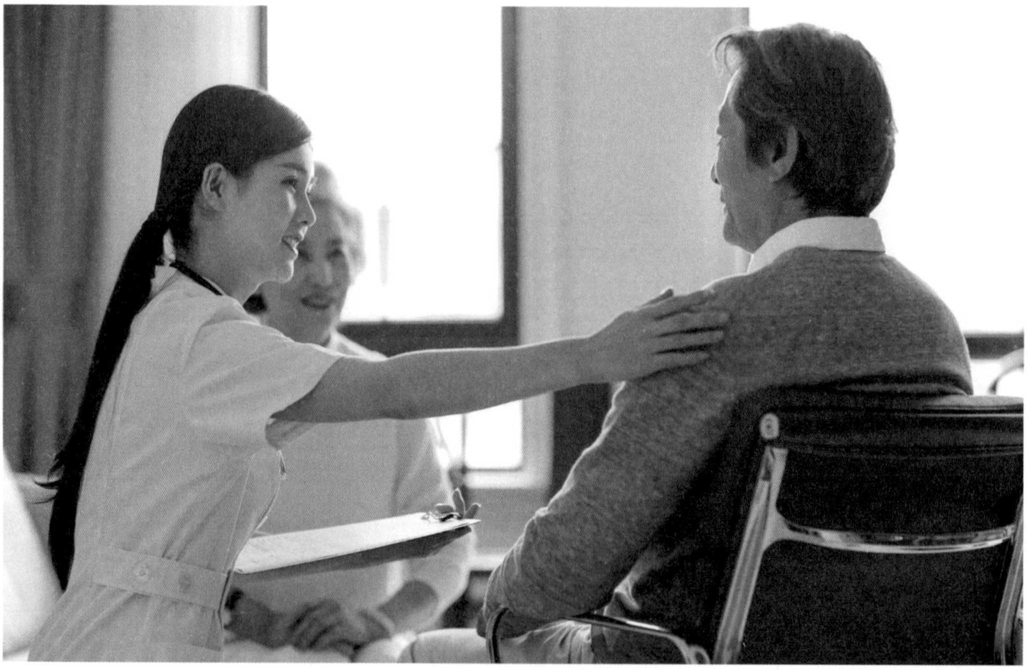

수술이나 항암 화학 요법을 시행했으나 치료 효과를 더 이상 기대하기 어려운 암 환자, 6개월 이내의 시한부 진단을 받은 환자나 가족이 적극적인 치료가 아닌 증상 완화를 위한 통증 조절을 요청하는 경우 호스피스의 간호를 받게 된다. 호스피는 이러한 환자들을 전문적으로 간호하는 사람들을 말한다.

국내 의료 제도에서 호스피스 분야는 '완화 의료'라는 이름으로 불린다. 말기암 등 치료가 어려운 환자를 대상으로 치료의 목적보다는 개인의 존엄을 지키며 고통없이 삶을 마무리할 수 있도록 돕는 과정이기 때문이다. 완화 의료는 환자가 느끼는 죽음의 두려움과 고통을 이해하고, 환자를 돌봐 주며, 정서적으로도 환자와 함께 하며, 환자가 두려움 없이 임종(죽음을 맞이함)할 수 있도록 돕고, 사람과 사람 사이에 생기는 상호 신뢰 관계 형성을 중요하게 인식한다.

호스피스를 처음으로 제도화한 나라는 영국으로 1967년 런던에 세워진 '성 크리스토퍼 호스피스'로부터 시작됐다. 우리나라에서도 임종하는 환자들의 편안한 삶과 죽음에 대한 관심이 높아지면서 호스피스 치료에 대해 2015년 7월부터 건강보험 수가가 적용되었고, 2017년 8월부터는 호스피스 · 완화의료에 관한 법률이 발효되어 시행되고 있다.

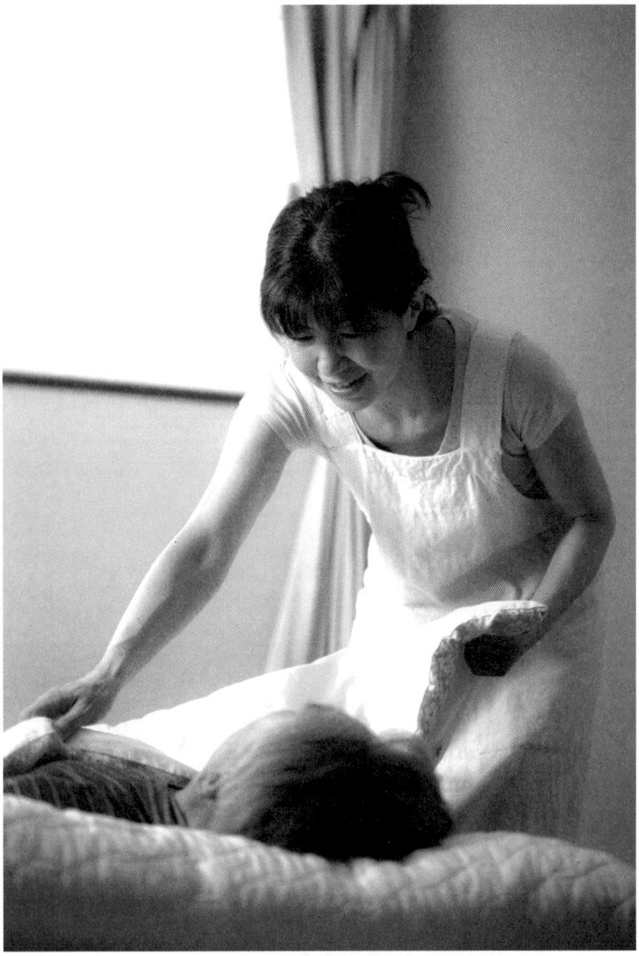

죽음을 앞둔 환자도 인간으로서 존엄성을 유지하며 행복할 권리가 있으므로 호스피스의 간호를 통해 남은 삶을 편안하게 마무리할 수 있어야 한다. 호스피스는 치료를 통해 병이 낫게 하는 것보다 증상을 안정시키고 인간으로서 존엄성을 유지할 수 있도록 총체적인 보살핌 활동에 중점을 둔다.

호스피스가 되기 위해서는 죽음과 생명의 존엄성에 대한 이해를 기본적으로 해야 하며, 말기 환자와 가족이 처해 있는 특수한 상황을 돌볼 수 있는 전문적인 지식을 갖추고 있어야 한다. 호스피스는 죽음을 삶의 자연스러운 과정으로 받아들여 죽음의 두려움에서 벗어날 수 있도록 환자와 가족이 이해할 수 있도록 도와줘야 한다. 극심한 통증과 죽음의 두려움을 호소하는 환자를 돌보며 정신적 위로와 지지를 보내야 하므로 투철한 사명감을 갖고 임해야 한다.

가족 해체 현상이 나타나고 1인 가구가 많아지고 있는 상황에서 주변 사람들과 단절된 채 홀로 쓸쓸하게 죽음을 맞이하는 고독사가 사회적인 문제로 등장하고 있다. 이러한 상황에서 호스피스는 죽음에 임박한 환자와 가족을 위한 가장 아름다운 대안이라고 할 수 있다.

그것이 알고 싶다 호스피스의 유래에 대해 알아볼까?

호스피스(hospice)는 라틴어의 '손님(hospes)'과 '손님을 맞이하는 장소(hospitium)'가 합쳐진 말로 '손님을 따뜻하게 맞이하고 편안히 휴식을 취할 수 있도록 돌보며 환대한다.'는 의미를 지닌 말이다.

원래 호스피스는 중세 유럽에서 기독교의 성지인 예루살렘으로 가는 순례자들이 하룻밤을 쉬어 가던 휴식처라는 의미였다. 순례자가 병이나 건강상의 이유로 여행을 떠날 수 없게 된 경우, 아픈 사람과 죽어가는 사람을 위해 머물 곳을 제공하고 간호해 준 것이 호스피스의 모태가 되었고, 이후 죽음을 앞둔 사람들의 안식처로 불리게 되었다. 우리나라 호스피스 활동의 시초는 1965년 강릉 갈바리 의원에서 외국인 수녀들이 임종자를 간호한 것이 시작이라고 한다.

2. 호스피스가 하는 일

호스피스는 임종을 앞둔 환자의 통증과 증상 조절을 통해 편안한 죽음을 맞이하고 환자와 가족이 죽음을 받아들이고 준비할 수 있도록 돕는 일을 한다. 환자뿐 아니라 남겨진 가족들이 사별 후에 갖게 되는 상실, 우울, 불안, 슬픔 등 심리적인 어려움을 이해하고 잘 극복할 수 있도록 환자 가족들을 위로하고 임종과 장례 절차 등의 정보도 제공하는 일도 수행한다.

환자의 처방에 따른 진단적 검사와 약물 요법을 수행하고 발생 가능한 합병증을 예방하기 위한 간호를 제공한다.

환자의 통증을 완화시킬 수 있도록 아로마 요법, 마사지 등의 비약물적 치료를 제공하고, 수면 장애, 호흡 곤란 등의 증상들을 완화시키는 간호를 한다.

말기 질환의 진단을 받은 환자와 임종 환자, 그 가족을 총체적으로 돌보고 진료비 문제, 환자와 가족이 직면한 현실적 문제들에 대해 상담하고 서비스를 제공한다.

가족이나 친구 간의 갈등을 풀기 위해 종교적인 도움이나 상담을 통해 정신적 고통을 줄여 주기도 한다.

의사, 성직자, 사회복지사, 자원봉사자 등으로 구성된 호스피스 팀 회의에 참석하고 업무를 조율하며 활동 기록지를 작성한다.

호스피스가 환자들이 품위 있는 죽음을 맞이할 수 있도록 돕는다는 것은 큰 보람이다. 그러나 전문적인 간호 인력의 부족, 업무의 과중, 불규칙한 근무 시간으로 육체적·정신적 스트레스가 많은 편이다. 임종을 앞둔 환자나 가족들과의 갈등, 참기 힘든 고통

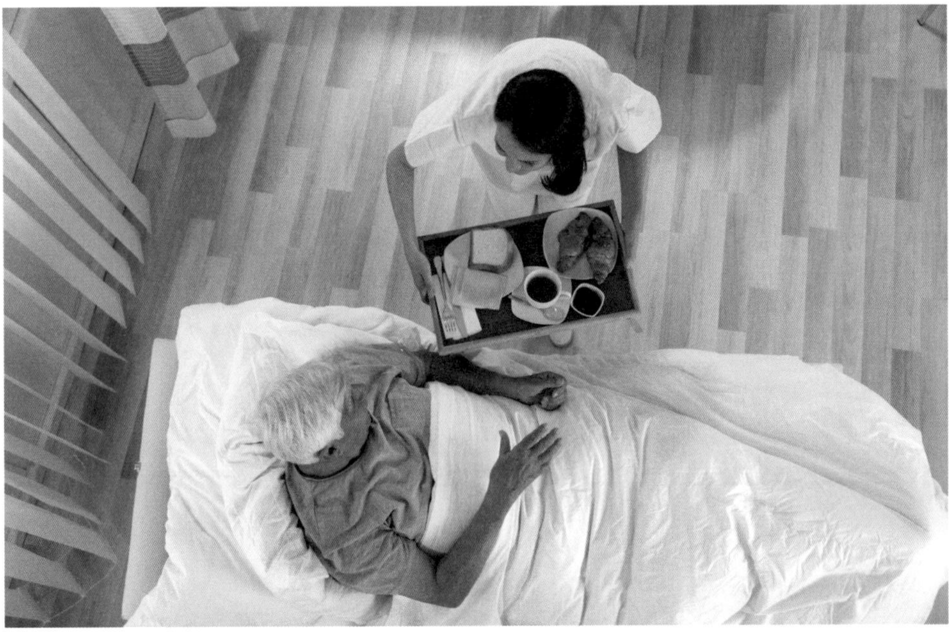

때문에 힘들어 하는 환자를 대할 때 도울 수 있는 게 없다는 무기력감 때문에 힘든 경우가 있다.

그것이 알고 싶다 그리프 카운슬러에 대해 알아볼까?

그리프 카운슬러(grief counselor)란 우리말로 번역하면 비탄 · 슬픔 상담사로 죽음이 임박한 환자가 갖는 죽음에 대한 두려움, 그 가족들의 충격과 상실감 등에 대해 상담하고 문제를 해결하는 직업이다. 그리프 카운슬러는 호스피스 활동에서 중요한 역할을 하며, 지역 병원과 연계된 호스피스 기관에서 활동한다. 환자의 병뿐만 아니라 마음속의 현실적인 고민을 해결해 주며, 사별로 힘든 사람들의 고통을 들어 주고, 사별 후에도 다시 마음을 가다듬고 사회에 적응할 수 있도록 지원하는 일을 한다.

3. 호스피스에게 필요한 능력

호스피스는 죽음을 앞둔 환자를 돌보는 일을 하기 때문에 무엇보다 밝은 모습으로 죽음을 긍정적으로 받아들이는 태도가 필요하다. 환자와 보호자에게 진심으로 공감해야 하고, 투철한 봉사 정신으로 신뢰감을 줄 수 있어야 한다. 남을 위해 헌신할 수 있는 마음, 타인을 배려하는 마음과 인내심을 갖추어야 한다.

말기 환자와 보호자 및 호스피스 팀원들 간에 신뢰 형성이 중요하므로 원만한 대인 관계 능력과 의사소통 기술이 필요하다. 장시간 동안 일하는 경우가 많으므로 신체적으로 건강해야 하며, 응급 상황이 발생했을 때 신속한 대처 능력이 필요하다. 환자가 편안한 죽음을 맞이할 수 있도록 도와주며, 환자의 죽음으로 인해 가족들이 느낄 슬픔과 충격에 대해 사망 후에도 관심을 갖고 보살펴 줘야 하는 책임감이 필요하다.

4. 호스피와 관련된 학과 및 자격증

- **관련 학과:** 간호학과, 간호과, 보건복지학과, 사회복지학과 등
- **관련 자격:** 호스피스, 간호사, 간호조무사, 요양보호사, 간병사, 사회복지사 등

5. 호스피스의 직업 전망

인간이라면 누구도 피할 수 없는 것이 죽음이다. 따라서 죽음을 삶의 과정으로 받아들이고 건강하게 사는 것 못지않게 품위 있는 죽음을 맞이하는 것에 대해 생각해 봐야 한다. 환자와 가족이 '임종을 위한 준비'가 되어 있다면, 누구든 죽기 전의 신체적 · 정신적 고통을 최소화하고 편안한 상태로 여생을 보내다 죽음을 맞이하길 원할 것이다.

평균 수명의 증가로 노인 인구가 늘어나고 고령화되면서 노인 요양 시설, 장기 요양 시설 등의 노인 관련 시설이 증가하고 자신의 죽음을 능동적으로 준비하길 원하는 사람들이 늘어나면서 호스피스를 찾는 수요도 증가하고 있다. 또한 최근 국내 소아암 환자의 수가 증가하면서 '소아 전용 호스피스'의 필요성도 제기되고 있다. 소아암 환자뿐 아니라 각종 희귀 · 난치병 어린이 환자 등 아동을 위한 호스피스도 필요한 상황이다. 이처럼 호스피스 전문 간호사 인력의 양성과 효율적 활용이 무엇보다 중요하기 때문에 호스피스의 수요는 증대될 것이다.

Career Path
커리어 패스

호스피스

호스피스는 죽음을 앞둔 말기 환자가 신체적 · 정서적 안정을 통해 편안한 죽음을 맞을 수 있도록 도와야 하므로 의료, 심리, 상담 등 다양한 분야의 지식과 자격을 갖추어야 한다. 환자의 통증 조절을 위해 마약성 진통제를 사용해야 하고 임종 직전의 증상을 신속하게 파악하여 대처하기 위한 전문적 지식을 필요로 한다.

호스피스가 되기 위해서서는 우선 대학의 간호학 관련 학과를 졸업한 뒤 자격시험에 합격한 후 간호사 면허를 취득해야 한다.

간호사 중에서도 임상 경험이 풍부하고 질적 수준이 높은 의료 서비스를 제공하는 전문 의료인을 전문 간호사라고 하는데, 그 중에서도 호스피스 전문 간호사가 되려면 최근 10년 이내에 3년 이상 호스피스 해당 분야 말기 암환자 간호 실무 경력을 갖추고, 보건복지부 장관이 지정하는 호스피스 전문 간호사 과정이 개설된 대학원에서 진학하여 석사 학위를 취득해야 한다. 이후 한국간호교육평가원에서 시행하는 전문 간호사 자격시험에 합격하면 보건복지부 장관 명의의 호스피스 전문 간호사 자격을 취득할 수 있다.

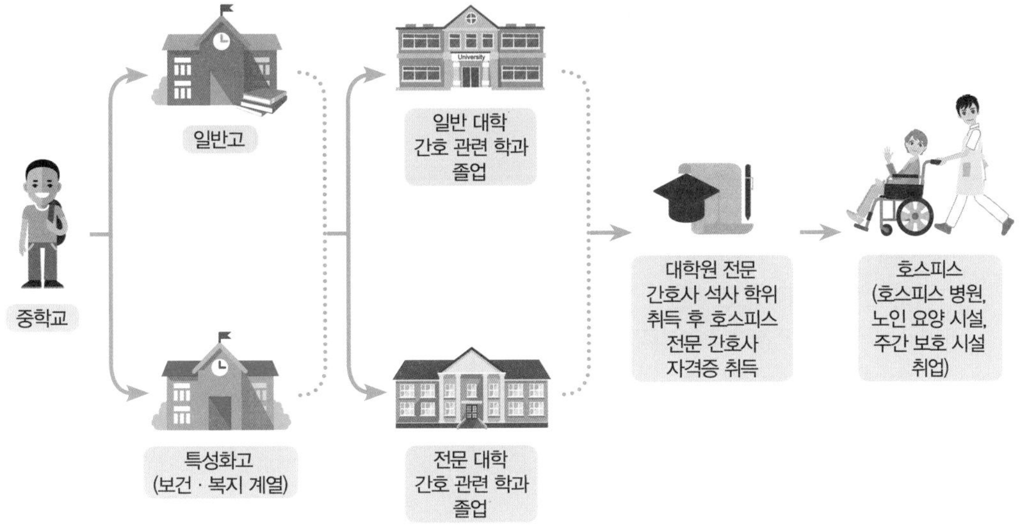

△ 호스피스의 커리어 패스

대학교 관련 학과

간호학과

학과 소개

간호학과는 인류애와 봉사 정신을 바탕으로 임상 실무 능력을 갖추고 인간 존중의 자세를 실천하는 전문 간호 인력을 양성하는 학과이다. 체계적인 교육과정을 통해 보건 의료 환경 변화에 부합한 역량 증진 및 다양한 현장 실습을 통해 국민 건강에 증진에 기여하는 데 목적이 있다.

적성 및 흥미

배움에 대한 열정과 인성을 갖추고 돌발 상황에 대해 융통성을 발휘하고 인간의 생명을 존중하는 마음과 박애주의적 가치관을 지니고 있으면 좋다.

간호사 업무를 수행하기 위해 강한 정신력과 체력이 있어야 하며, 집중력, 세심함, 배려심, 봉사 정신, 이타심, 인내심이 있는 사람에게 적합하다.

진출 직업

임상간호사, 산업간호사, 간호 · 보건직공무원, 보험심사간호사, 연구간호사, 구급소방공무원, 교정직공무원, 역학조사관, 간호장교, 초 · 중등학교 보건교사 등

자격 및 면허

간호사, 조산사,
전문간호사(호스피스, 가정, 감염 관리, 노인, 마취, 산업, 아동, 응급, 임상, 정신, 종양, 중환자), 심폐소생술, 보건교사, 보건교육사, 의료정보관리사, 정신보건간호사, 중독 상담전문가, BLS(심폐 소생술 의료인 과정) 등

진출 분야

★기업체★
항공사, 제약 및 의료 기기 회사, 보험회사, 산업체 의무실, 산업체(회사) 보건 관리자 등

★정부 및 공공 기관★
병원(대학 및 종합 병원, 요양 병원) 간호사, 보건소 및 보건 진료소, 혈액원, 장기 요양 시설 및 재가 센터, 노인 복지 센터, 국립정신건강증진센터, 국민건강보험공단, 국립재활원, 치매지원센터, 알콜상담센터, 자살예방센터 등

★기타★
교수 및 연구직, 초 · 중 · 고 · 대학 보건실, 해외 취업 등

관련 학과

간호학부, 간호과학전공, 글로벌건강간호학전공, 간호학부(간호학전공) 등

중·고등학교 학교생활 포트폴리오

★동아리 활동★

보건, 의료, 봉사 등의 동아리 활동을 통해 전공과 관련한 많은 경험을 쌓을 것을 추천한다.

★봉사 활동★

병원, 요양원, 경로당, 사회복지시설 등에서 지속적인 봉사 활동을 하는 것이 좋다.

★독서 활동★

인문, 건강, 신체, 의료, 생명, 윤리, 봉사 관련한 폭넓은 독서 활동을 권장한다.

★교과 공부★

국어, 영어, 수학, 윤리, 사회, 생물, 화학 등 관련 교과 실력 향상에 힘쓰고, 적극적인 수업 태도로 관련 분야 학업 역량을 발휘하는 것이 좋다.

★교외 활동★

간호 관련 기관 방문 및 간호학과 전공 체험, 모의 실습 병원 직업 체험 프로그램에 적극 참여한다.

※인성 분야 수상과 생물, 화학, 영어 관련 교과 수상 경력, 보건 관련 프로젝트에 참여하는 것도 도움이 된다.

20 호텔 컨시어지

관련 학과
호텔경영학과
168쪽

1. 호텔 컨시어지의 세계

외국으로 첫 여행을 간다고 생각하면 설레고 신나겠지만 현지의 사정을 잘 모르기 때문에 걱정이 되기도 할 것이다. 낯선 곳으로 여행을 가서 궁금한 점이 있을 때 누구에게 도움을 받으면 될까? 이럴 때는 호텔의 로비 입구에 위치한 컨시어지 데스크에서 근무하는 호텔 컨시어지를 찾아가면 도움을 받을 수 있다.

호텔 컨시어지는 주로 호텔의 로비에서 근무하면서 외국인이나 고객을 직접 만나 문의사항뿐만 아니라 고객이 원하고 필요로 하는 정보를 제공해 준다. 예를 들어 외국인들이 우리나라를 방문한다면 각종 예약과 섭외 등 머무는 동안 불편함이 없도록 최상의 서비스가 필요할 것이다. 또한 우리의 생활이나 문화와 다른 점이 있기 때문에 자신들의 취향에 맞는 음식, 못 먹는 음식, 선호하는 여행 콘셉트, 꼭 가보고 싶은 장소 등 많은 관련

정보를 원할 것이다. 따라서 호텔 컨시어지는 우리나라를 찾은 외국인에게 특별하게 체험할 수 있는 콘텐츠와 만족스런 서비스를 제공하기 위해 다양한 것들을 파악하고 준비해야 한다.

호텔은 호텔 경영학, 관광 경영학, 식품 경영학, 공연 기획 등 다양한 분야의 전공자들이 모여 근무하는 곳이다. 호텔에는 고객들이 편안하게 머물 수 있도록 객실, 웨딩, 조리, 피트니스 등 여러 분야에서 일하면서 각종 서비스를 제공하는 호텔리어가 많지만, 이 중에서도 호텔 컨시어지는 고객이 요구하는 모든 서비스를 제공하려고 노력하는 사람이다.

호텔 컨시어지는 고객들이 흥미로워할 만한 문화 콘텐츠에도 관심을 갖고 직접 체험해 보고 안내해야 한다. 외국인 고객들에게 우리의 역사와 문화를 소개하기 위해 역사와 문화에도 관심을 가져야 한다. 또한 밝은 미소와 친절한 태도로 교양과 서비스 정신을 갖추어야 하고, 원만한 대인 관계 능력과 의사소통을 원활히 할 수 있도록 외국어 능력도 갖추어야 한다.

그것이 알고 싶다 호텔리어에 대해 알아볼까?

호텔리어란 호텔에서 일하는 모든 사람을 일컫는 말로, 부서 운영을 지휘하는 관리자와 고객을 직접 상대하여 서비스를 제공하는 실무자로 나뉜다. 호텔은 다양한 용도의 공간이 한 자리에 모여 있는 만큼 각 공간마다 각각의 일을 책임지고 담당하는 전문가들이 있다. 그리고 이 모든 일을 관리하고 책임지는 총지배인이 있는데, 이 모든 사람이 호텔리어다.

2. 호텔 컨시어지가 하는 일

호텔 컨시어지는 고객들이 호텔에서 머무는 동안 불편함을 느끼지 않도록 모든 편의 사항을 관리하는 일을 담당한다. 또한 고객의 요구 사항과 불만 사항을 파악하여 고객을 만족시킬 수 있도록 최상의 서비스를 제공하는 일을 수행한다.

고객이 원하는 맞춤 서비스를 제공할 수 있도록 사소한 심부름부터 여행 기념품 구입 등의 일을 대신하여 해결한다.

고객이 원하는 교통, 관광, 공연, 쇼핑 안내 등 다양한 정보를 제공하기 위해 관련 정보를 수집한다.

호텔을 찾은 고객이 최대한 편히 쉬고 만족할 수 있도록 식성과 수면 습관 등 세밀한 취향까지 확인하여 고객 맞춤 서비스를 제공한다.

고객에게 중요한 우편물이나 서류 등을 보관해 주기도 하고, 약이 필요한 상황이 생기면 약을 갖다 주기도 한다.

호텔 시설 이용, 맛있는 식당, 문화 체험이 가능한 장소, 재미있는 공연 소개 등 고객이 원하는 요청 사항을 신속하게 처리하는 등의 일을 한다.

호텔 컨시어지는 서비스를 제공받은 고객이 감동받고 다시 호텔을 재방문했다는 말을 들으면 일에 대한 보람과 뿌듯함을 느낀다. 쾌적하고 좋은 환경에서 근무할 수 있으며, 호텔을 방문하는 수많은 외국인 고객들을 통해 세계 여러 나라의 다양한 문화를 경험할 수 있고 많은 사람들과 교류할 수 있다는 점이 장점이다. 그러나 전문적이면서 최상의 서비스를 제공해야 하는 일이기 때문에 힘든 점도 많다. 취향이 까다롭고 예민한 고객들은 모든 걸 알아서 서비스해 주기를 바라기도 한다. 각종 서비스, 불만 사항, 요구 사항 등 고객이 원하는 모든 것을 만족시키도록 하는 것은 힘든 일이다. 항상 밝은 인상으로 손님을 맞아야 하며 대부분 서서 근무하는 시간이 많아 육체적으로도 힘들 때가 많다.

그것이 알고 싶다 컨시어지의 유래에 대해 알아볼까?

컨시어지는 프랑스 중세 시대에 성을 지키며 초를 들고 찾아온 손님을 위해 성을 안내하고 관리하는 집사 일을 보던 사람인 촛불 관리자 '르콩트 데 시에르지(le comte des cierges)'에서 유래된 말이다. 현재는 호텔 고객을 맞이하여 안내하고 객실 서비스 전반을 책임지는 사람이라는 의미로 사용되고 있다.

3. 호텔 컨시어지에게 필요한 능력

호텔 컨시어지는 단정한 외모로 친절하게 고객을 맞아야 하기 때문에 밝은 미소와 성격으로 다양한 사람들과 어울리기를 좋아해야 한다. 세계 여러 나라의 문화에 대한 관심이 많으면 좋고, 외국인 고객이 많기 때문에 원활한 의사소통을 위해 다양한 외국어를 많이 배울수록 업무에 도움이 된다. 영어 회화는 기본이고, 중국어, 일본어, 독일어, 프랑스어 등 다양한 외국어 습득 능력이 필요하다. 또한 다른 사람을 배려하는 마음, 책임감 있는 태도, 인내심이 필요하다. 고객이 원하는 게 무엇인지 빨리 파악할 줄 알아야 하고 신속하게 처리할 수 있는 능력을 갖추어야 한다.

고객이 만족할 수 있도록 친절한 서비스를 제공하고 고객을 위해 최선을 다하고자 하는 마음가

짐이 필요하다. 근무 중 많은 시간을 서서 직접 고객을 맞이해야 하므로 강한 체력과 좋은 이미지를 유지하기 위한 자기 관리 능력도 필요하다.

4. 호텔 컨시어지와 관련된 학과 및 자격증

- **관련 학과:** 호텔경영학과, 호텔관광경영학과, 관광경영학과, 호텔컨벤션경영학과, 항공관광과, 외식산업과 등
- **관련 자격:** 호텔경영사, 호텔관리사, 호텔서비스사, 국내여행안내사, 관광통역안내사 등

5. 호텔 컨시어지의 직업 전망

일상의 스트레스와 반복되는 삶을 벗어나 여행을 통해 여유를 느끼며 힐링하고 싶어 하는 사람들의 욕구가 증가하면서 여가의 중요성이 커지고 있다. 이에 따라 각종 관광 산업이 발전하고 지속적으로 호텔 및 관광 업계의 전문적인 인력의 수요가 증가하는 추세다. 요즘은 대형 호텔뿐만 아니라 규모가 작은 호텔에서도 호텔 컨시어지를 두는 경우가 많다. 그만큼 고객을 위한 서비스를 호텔의 주요 경쟁력으로 인식하고 있기 때문이다. 또한 여행 산업이 성장하여 호텔의 수도 늘고 있기 때문에 호텔 컨시어지의 직업 수요는 늘어날 것으로 전망된다. 최근에는 고객의 편의를 위해 백화점, 쇼핑센터 등에서도 컨시어지를 채용하여 서비스를 제공하고 있어 취업과 활동 분야가 확산되고 있다.

커리어 패스

호텔 컨시어지

호텔 컨시어지는 호텔에 방문한 고객에게 기본적인 안내부터 고객이 필요로 하는 다양한 정보와 서비스를 제공하고, 고객의 각종 불만사항도 해결해 주어야 하므로 고객 서비스 마인드를 갖추고 호텔 경영과 관련된 다양한 분야의 지식과 능력을 갖추어야 한다.

호텔 컨시어지가 되기 위해서는 전문 대학이나 일반 대학에서 호텔 경영학과, 관광 경영학과, 호텔 관광학과, 문화 관광과 등 호텔 관련 학과를 전공하고, 언어 소통 능력이 중요하므로 외국어 실력이 좋으면 유리하다. 대학이 아닌 직업 전문 학교 등에도 개설된 호텔리어, 호텔 컨시어지 전문 교육 과정을 수료하면 호텔 컨시어지에 지원할 수도 있다. 그리고 호텔서비스사 자격증을 취득 한 후 호텔관리사, 호텔경영사 등의 자격증을 단계별로 취득하면 취업에 유리하다. 또한 호텔 관련 분야에서 아르바이트나 인턴 등으로 일한 경력이 있으면 취업에 도움이 된다.

국내에는 호텔 관련 학과가 개설된 대학이 많고 외국에서 관련 학문을 공부하고 국내에 취업하고자 하는 사람이 많은 만큼 호텔 컨시어지의 경쟁은 치열한 편이다.

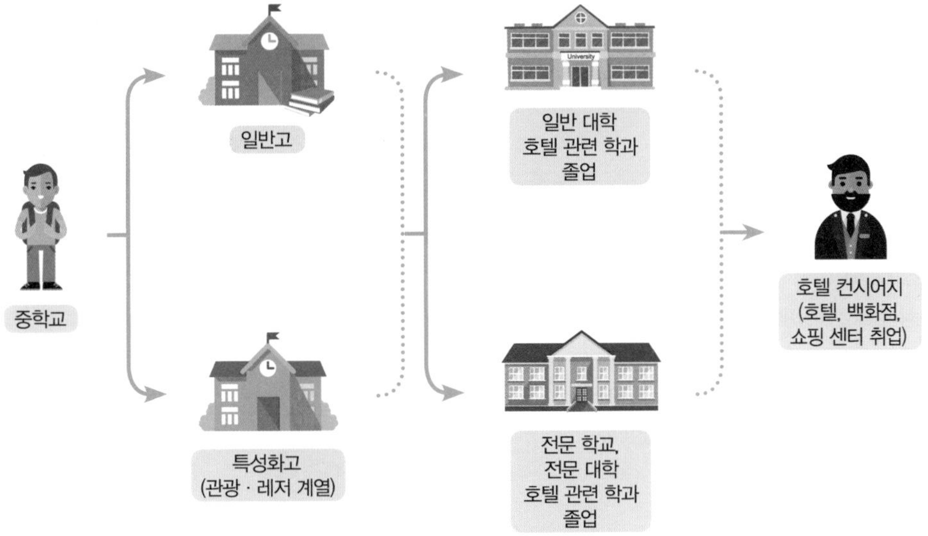

△ 호텔 컨시어지의 커리어 패스

대학교 관련 학과

호텔경영학과

학과 소개

호텔경영학과는 호텔 개발 및 호텔 경영에 관한 실용적 학문 탐구를 통하여 미래의 호텔 전문 경영자로서 기본 소양과 전문 지식에 대해 공부한다. 호텔 산업 및 관광 산업의 새로운 변화와 요구에 능동적으로 대처하고 호텔 산업의 발전을 주도할 수 있는 호텔리어를 양성하는 데 목적이 있다.

적성 및 흥미

타인을 배려하고 봉사 정신, 서비스 마인드를 가지고 세계의 다양한 문화를 비롯하여 외국어에 관심이 많고 글로벌 역량을 갖추고 있으면 좋다.
사람들과의 소통을 즐기며, 여행과 관광에 흥미를 느끼고 꼼꼼함이 있는 사람에게 적합하다.

진출 직업

호텔관리자, 레스토랑 지배인, 소믈리에, 여행 관련 관리자, 여행 · 관광 상품 개발자, 여행 안내원, 카지노 딜러, 호텔 및 콘도 접객원, 관광 · 문화 관련 연구원, 선박 및 열차 객실 승무원, 외식업체 종사자, 이벤트기획자 등

자격 및 면허

경영지도사,
관광호텔경영사,
호텔관리사, 호텔서비스사,
국내 여행안내사, 관광통역안내사,
소믈리에, 바리스타, 조리기능사,
조주기능사 등

진출 분야

★기업체★
국내 외 호텔, 리조트, 호텔 컨설팅 업체,
관광개발회사, 면세점, 항공사, 여행사, 외식 사업체,
호텔 관련 서비스업체, 컨벤션 관련 기업, 테마파크,
카지노, 이벤트 기획 업체, 국제회의 용역업체, 해외 현지
호텔 및 기업 등

★정부 및 공공 기관★
한국관광공사 등

★연구소★
외식 산업 관련 연구소, 관광 · 문화 관련
국가 · 민간 연구소, 사회 과학 관련
국가 · 민간 연구소 등

관련 학과

호텔경영학과, 관광개발학과,
관광경영학과, 문화관광학,
외식경영학과, 호텔리조트경영과,
국제호텔관광과, 호텔관광경영과,
호텔관광과, 호텔카지노경영과,
관광호텔과 등

중·고등학교 학교생활 포트폴리오

★동아리 활동★

어학, 여행 관련한 동아리 활동을 통해 전공과 관련한 많은 경험을 쌓을 것을 추천한다.

★봉사 활동★

외국어 안내, 서비스 관련 기관 등에서 지속적인 봉사 활동을 하는 것이 좋다.

★독서 활동★

관광, 경영, 서비스, 사회, 윤리 등 전공과 관련한 폭넓은 독서 활동을 권장한다.

★교과 공부★

국어, 수학, 사회, 과학, 영어, 일본어, 중국어 등 외국어 관련 교과 실력 향상에 힘쓰고, 적극적인 수업 태도로 관련 분야 학업 역량을 키운다.

★교외 활동★

외국어, 서비스 분야 관련 기관 방문, 호텔 관련 박람회 및 직업 박람회, 호텔 직업 체험 프로그램에 적극 참여한다.

※인성 분야 수상과 영어, 중국어, 일본어 관련 교과 수상 경력, 외국어 관련 교내 대회에 참여하는 것도 도움이 된다.

참고 문헌

- 이랑, 십대를 위한 직업 콘서트, 꿈결, 2016.
- 이랑, 이 직업의 하루가 궁금해요, 더숲, 2014.
- 청소년행복연구실, 나의 직업 노무사, 동천출판, 2014.
- 청소년행복연구실, 나의 직업 보육 · 유치원 교사, 동천출판, 2014.
- 청소년행복연구실, 나의 직업 소방관, 동천출판, 2014.
- 파트리샤 올, 직업 옆에 직업 옆에 직업, 미세기, 2009.
- 한선정, 13살 내 꿈을 잡아라, 조선북스, 2009.

참고 사이트

- 워크넷 | www.work.go.kr
- 커리어넷 | www.career.go.kr
- 한국상담학회 | www.counselors.or.kr

이미지 출처

- 게티이미지뱅크 | www.gettyimagesbank.com
- 아이클릭아트 | www.iclickart.co.kr
- 24쪽 | 범죄 심리 분석관 | 서울 경찰 | twitter.com/smartsmpa/status/794439919942807552

10대를 위한

홀랜드 유형별

유망 직업 사전

04 사회형(S)

초판 1쇄 발행 2019년 6월 25일

저 자 | 오지연, 강서희, 오규찬, 이영석, 한승배, 현선주

발 행 인 | 신재석
발 행 처 | (주) **삼양미디어**
등록번호 | 제10-2285호
주 소 | 서울시 마포구 양화로 6길 9-28
전 화 | 02-335-3030
팩 스 | 02-335-2070
홈페이지 | **www.samyangM.com**
I S B N | 978-89-5897-377-5(44300)
978-89-5897-373-7(44300)(6권 세트)